MANIFESTO

A DECLARAÇÃO DE INDEPENDÊNCIA

DOS ESTADOS UNIDOS

SÉRIE **MANIFESTO**

O MANIFESTO COMUNISTA de Marx e Engels
A DECLARAÇÃO DE INDEPENDÊNCIA dos Estados Unidos
A DESOBEDIÊNCIA CIVIL de Thoreau *(a sair)*
A PRIMAVERA SILENCIOSA de Rachel Carson *(a sair)*

Stephanie Schwartz Driver

MANIFESTO

A DECLARAÇÃO DE INDEPENDÊNCIA
DOS ESTADOS UNIDOS

TRADUÇÃO:
Mariluce Pessoa

JORGE ZAHAR EDITOR
RIO DE JANEIRO

Título original:
The Declaration of Independence

Publicado com autorização de The Ivy Press Limited. Traduzido da primeira edição em inglês, publicada em 2004.

Jorge Zahar Editor Ltda.
rua México 31 sobreloja
20031-144 Rio de Janeiro, RJ
tel.: (21) 2108-0808 / fax: (21) 2108-0800
e-mail: jze@zahar.com.br
site: www.zahar.com.br

Capa: Sérgio Campante
Ilustração de capa: Detalhe de *Declaração de Independência, 4 de julho, 1776*, de John Trumbull © Bettmann/Corbis

CIP-Brasil. Catalogação-na-fonte
Sindicato Nacional dos Editores de Livros, RJ.

Driver, Stephanie Schwartz
D844d A Declaração da Independência dos Estados Unidos / Stephanie Schwartz Driver; tradução de Mariluce Pessoa. — Rio de Janeiro: Jorge Zahar Ed., 2006

il. - (Manifesto)

Tradução de: The Declaration of Independence
Anexo: Quem é quem na Declaração
ISBN 85-7110-937-0

1. Estados Unidos. Declaration of Independence. 2. Estados Unidos – Política e governo – 1775-1783. 3. Estados Unidos – Política e governo – Filosofia. I. Título. II. Série.

CDD 973.313
06-2313 CDU 94(73)"1776"

SUMÁRIO

MANIFESTO

A DECLARAÇÃO DE INDEPENDÊNCIA
INTRODUÇÃO

A primeira medida oficial desta nação foi declarar os fundamentos do governo nas seguintes palavras: "Consideramos estas verdades evidentes por si mesmas, que todos os homens são criados iguais, que são dotados pelo Criador de certos direitos inalienáveis, que entre estes estão a vida, a liberdade e a busca da felicidade." Essa declaração de princípios pode não ter a força de uma lei orgânica, nem servir de base para decisões judiciais quanto aos limites de direitos e deveres ... mas é sempre pertinente interpretar o texto da Constituição no espírito da Declaração de Independência. Nenhum dever recai de forma mais imperativa sobre os tribunais do que a aplicação desses dispositivos constitucionais, destinados a assegurar a igualdade de direitos fundamental para um governo livre.

SUPREMA CORTE DOS ESTADOS UNIDOS DA AMÉRICA,
in Cotting vs. Godard, 183 US 79 (1901)

A Declaração de Independência e o Independence Hall, onde o documento foi assinado, são emblemas da tumultuada criação dos Estados Unidos como nação independente.

A Declaração de Independência é a pedra fundamental dos Estados Unidos. Em suas poucas sentenças iniciais, estabelece as metas de uma sociedade democrática moderna — metas às quais os Estados Unidos, como muitos outros países, ainda aspiram. Embora não tenha peso legal, o *ethos* da Declaração de Independência subjaz até mesmo à lei constitucional. Os juízes da Suprema Corte, tanto liberais quanto conservadores, reconhecidamente se

Essa ilustração, retratando a assinatura da Declaração de Independência e celebrando os fundadores da nação, foi produzida em torno de 1856, quando Abraham Lincoln evocava a Declaração em seus discursos de campanha.

pautam pelas idéias da Declaração em seus julgamentos — e o vêm fazendo há dois séculos.

Hoje, a Declaração é considerada uma das três Cartas da Liberdade nos Estados Unidos, exibida com orgulho ao lado da Constituição e da Carta de Direitos Civis (*Bill of Rights*) nos Arquivos Nacionais. Ironicamente, quando foi elaborada, não tinha tais ambições. Era em essência um material informativo produzido para disseminar no país e no exterior a notícia de que o Congresso Continental votara pela independência e também para obter apoio para a causa norte-americana.

Nas suas primeiras leituras em cidades e vilas de todas as colônias recém-emancipadas, a Declaração foi celebrada, mas depois praticamente esquecida durante os 50 anos seguintes. A visão entusiástica do texto — ou pelo menos de seus parágrafos iniciais — deve-se ao estilo literário de Thomas Jefferson, que condensou uma idéia admirável de forma tão sucinta e elegante. A magnífica prosa permitiu que Abraham Lincoln e outros defensores de causas sociais, cerca de um século mais tarde, lutassem pelas promessas feitas no documento.

São os parágrafos iniciais da Declaração de Independência que dão forma à concepção popular, embora isso nos leve a julgar o todo por uma pequena parte. No entanto, o texto em sua totalidade é uma obra-prima de prosa, magnificamente estruturada para alcançar grande efeito retórico. É também radical, justificando o direito de se depor um governo no momento em que este não mais represente a vontade popular. A história de sua composição, tanto quanto seu famoso conteúdo, reflete a turbulência e o fervor do nascimento de uma nação. O processo contínuo de interpretação e reinterpretação do texto, desde o período revolucionário, ilustra como esse documento está no cerne da luta incessante dos Estados Unidos para estar à altura de seus ideais fundadores.

MANIFESTO

A DECLARAÇÃO DE INDEPENDÊNCIA **CONTEXTO E CRIADORES**

Temos diante de nós todas as oportunidades e todos os incentivos possíveis para produzir a Constituição mais nobre e mais pura da face da Terra. Estamos capacitados a começar o mundo outra vez ... O nascimento de um novo mundo está ao nosso alcance, e uma raça de homens, talvez tão numerosa quanto a existente na Europa, está destinada a receber sua parcela de liberdade em conseqüência dos eventos dos últimos meses.

— THOMAS PAINE, *Senso comum*, 1776

Celebrações marcam a Paz de Paris, documento assinado em 1763, quando se pôs termo às Guerras Franco-Indígenas. As condições do tratado foram muito favoráveis aos interesses britânicos, particularmente na América do Norte.

No fim das Guerras Franco-Indígenas (a Guerra dos Sete Anos), em 1763, o Império Britânico sofreu uma transformação. O Tratado de Paris, que pôs fim ao confronto, aumentou de forma extraordinária as possessões britânicas internacionais. A Grã-Bretanha não somente assumiu o controle de toda a América do Norte, tomando do o Canadá dos franceses, como também conquistou a Índia Oriental. As 13 colônias norte-americanas deixaram de ser o território estrangeiro mais importante dos britânicos e passaram a representar apenas uma pequena porção de suas possessões coloniais.

A vitória nas Guerras Franco-Indígenas deixou os colonos norte-americanos confiantes e independentes.

— Benjamin Franklin — compareceu ao Conselho Privado de Jorge III para reivindicar melhor tratamento às colônias norte-americanas. Encontrava-se na Inglaterra desde 1764, retornando à Filadélfia somente em 1775, quando percebeu que a revolução era inevitável.

Uma vez eliminadas as ameaças às fronteiras ocidentais, eles sentiram-se menos dependentes do apoio militar da metrópole. Ao mesmo tempo, o Parlamento britânico viu-se diante da necessidade premente de organizar e administrar o seu novo e vasto império — e de maneira lucrativa.

Até então, os britânicos haviam admitido que as colônias norte-americanas gozassem de certa liberdade. Cada uma era nominalmente administrada por um governador colonial, indicado pela coroa mas pago pelas assembléias coloniais (exceto no caso da Geórgia, onde era mantido pelo estado monárquico). Embora tivessem amplos poderes, incluindo o direito de veto a qualquer medida aprovada pelas assembléias e até mesmo o de solicitar a dissolução destas, os governadores raramente os exerciam, se é que alguma vez chegaram a fazê-lo. Eles respondiam ao governo britânico, que não dava muita atenção às colônias — exceto quando estas contribuíam para as atividades comerciais britânicas — e raramente exigia qualquer ação. Como resultado, as colônias, na prática, funcionavam de forma autônoma.

A guerra havia sido onerosa, deixando a Grã-Bretanha com uma dívida que chegava a 130 milhões de libras, e os contribuintes britânicos, já sobrecarregados por tributos de 20%, não pretendiam aceitar a cobrança de novos impostos. Ao mesmo tempo, o custo de administrar as colônias norte-americanas na situação em que se encontravam, inclusive o de manter um exército para defesa das fronteiras ocidentais, não era trivial — em 1764, chegou a

350 mil libras. A necessidade de aumentar a receita era premente, e para o Parlamento parecia claro que as colônias teriam de começar a arcar com suas próprias despesas.

No entanto, embora tivesse ambições claras, o Parlamento teve de enfrentar um jovem monarca. Jorge III subiu ao trono britânico em 1760, quando tinha apenas 22 anos. Apesar de ter sido criado para se tornar rei, era ainda muito inexperiente e idealista; teve uma relação difícil com o Parlamento nos primeiros anos de seu reinado, e a primeira década foi marcada por uma sucessão de primeiros-ministros, resultando em instabilidade governamental. Somente em 1770 Jorge III viria a encontrar um primeiro-ministro — lorde North — com quem conseguiu trabalhar pacificamente.

Tal instabilidade foi prejudicial às colônias norte-americanas, porque a despeito de os colonos dirigirem-se sempre ao rei em suas circulares e petições, era o Parlamento que detinha o controle dos gastos, arrecadando impostos e estabelecendo a política colonial. Isso foi percebido por Benjamin Franklin, que viajou a Londres em 1764 e tentou corajosamente influenciar a política parlamentar em favor das colônias, exercendo pressão incansável sobre membros do Parlamento e cidadãos influentes.

A Lei do Açúcar

A primeira tentativa do Parlamento de aumentar a receita originária das colônias foi a Lei da Receita de 1764, comumente conhecida como a Lei do Açúcar. O texto estabelecia que o valor arrecadado seria destinado a custear a administração colonial. Reduzia o imposto sobre o melaço estrangeiro em 50%, mas instituía também taxas para a importação de bens de luxo europeus, tais como linho, seda e vinho. Ademais, restringia a exportação de determinados produtos, como pele e couro, tornando a Inglaterra o único mercado comprador.

Na charge, o primeiro-ministro britânico, George Grenville, carrega a Lei do Selo, de 1765, para um túmulo onde outras leis impopulares já haviam sido enterradas. A lei foi revogada apenas um ano depois de sua promulgação, quando a violência da população contra agentes britânicos tornou impossível sua aplicação.

Receosas dos efeitos sobre a economia e ressentidas com o aumento de tributos, oito das 13 colônias enviaram petições respeitosas ao rei contra a Lei do Açúcar. A lei inspirou também protestos locais, como boicotes aos produtos importados sobre os quais incidiam as novas e mais altas taxas alfandegárias. Era a origem do movimento norte-americano contra a importação. Embora inicialmente esse movimento tenha gerado pouco efeito sobre a economia britânica, mais tarde desempenhou papel importante na afirmação do poder e da independência das colônias.

A Lei do Selo

A despeito da insatisfação colonial com o aumento de impostos, o Parlamento persistiu na tentativa de aumentar a receita proveniente da América do Norte, sancionando a Lei do Selo em 1765, uma das últimas medidas do primeiro-ministro George Grenville (1763-65). De acordo com os termos do primeiro imposto direto a ser arrecadado nas colônias, todo o material impresso estaria sujeito a selagem, desde jornais e panfletos até certificados e documentos legais, e os selos passariam a ser adquiridos de agentes americanos nomeados pela coroa.

A fúria despertada nas colônias surpreendeu os britânicos. Houve forte reação por parte de grupos organizados de comerciantes coloniais, conhecidos como Filhos da Liberdade. Os agentes de selos foram agredidos e os selos

Como parte dos protestos de não-importação, os colonos organizaram reuniões sociais onde as mulheres produziam tecidos artesanais, para evitar comprar os produtos da Grã-Bretanha. Tais boicotes reduziram as importações britânicas em dois terços.

destruídos; turbas atacaram as autoridades britânicas e pilharam suas casas e escritórios. O movimento contra a importação adquiriu força. No verão após a aprovação da lei, o comércio com a Grã-Bretanha teve uma queda aproximada de 300 mil libras. Nas colônias, no entanto, os negócios continuaram normalmente — sem selos.

O protesto não se limitou a manifestações populares. Nas colônias, as assembléias estaduais se reuniram e declararam a Lei do Selo ilegal segundo suas cartas e constituições. Instigados por Massachusetts, representantes de nove das 13 colônias reuniram-se em Nova York em outubro, no que ficou conhecido como o Congresso da Lei do Selo. O Congresso aprovou resoluções declarando que o Parlamento britânico não tinha o direito de cobrar impostos das colônias — "sem representação não há tributação". Embora continuassem a prometer lealdade à coroa, os americanos lutavam por seus direitos, mostrando uma frente unida. O Congresso da Lei do Selo não foi a primeira tentativa das várias assembléias coloniais de trabalhar juntas — em 1754 o Congresso de Albany havia sido convocado para delinear um plano unificado de defesa contra os índios e os franceses que ameaçavam as fronteiras ocidentais —, mas era a primeira vez que todos concordavam com uma política comum.

A Lei do Selo mostrou-se impossível de ser implementada, mais pela violência popular do que pelos protestos oficiais do Congresso. Foi revogada pelo Parlamento em março de 1766 durante a curta gestão do primeiro-ministro lorde Rockingham (1765-66), com o apoio do rei. Logo que as notícias chegaram às colônias, houve comemorações homenageando o rei e expressando lealdade permanente à coroa.

Embora os americanos tivessem conquistado uma pequena vitória, e o Parlamento tivesse sido forçado a ceder, a Lei Declaratória foi aprovada no mesmo dia da revogação. Ela ressaltava o poder do Parlamento sobre as colônias "em todas as matérias, sem distinção". Ainda assim, os americanos celebraram a vitória, ignorando essas ameaçadoras palavras. Eles tinham visto que o Parlamento se dobraria à força da união e descoberto uma nova confiança e consciência política nas colônias.

As Leis Townshend

O Parlamento não havia abandonado o plano de aumentar a receita proveniente das colônias. No ministério de lorde Chatham (1766-68), o projeto teve seguimento com as Leis Townshend, de 1767. A nova legislação reduzia os impostos sobre a terra na Grã-Bretanha de 20 para 15%, e aumentava as taxas alfandegárias sobre produtos britânicos básicos importados pelos americanos, tais como vidro, chá, papel, tinta e chumbo. Não era uma tributação direta, mas um acréscimo nos impostos sobre produtos importados que a Grã-Bretanha sempre taxou. Para garantir a arrecadação das novas receitas, o Parlamento reorganizou os serviços alfandegários e criou um novo cargo de funcionário público, com salários pagos pela coroa e não pelas assembléias locais. De forma decisiva, o Parlamento assumiu também os vencimentos dos governadores coloniais, tornando-os independentes do controle local. Mais ainda, o exército britânico foi retirado das fronteiras ocidentais, onde estava estacionado para evitar ataques dos nativos americanos (e dos franceses), e transferido para regiões costeiras mais populosas — a fim de manter uma força permanente entre os cidadãos americanos.

Uma vez mais, os americanos reagiram. Boicotes altamente eficazes reduziram em dois terços os produtos britânicos importados. Os Filhos da Liberdade organizaram protestos em todas as colônias, e as Filhas da Liberdade promoveram reuniões sociais nas quais teciam o suficiente para vestir as comunidades.

O governo britânico usou força militar para controlar os protestos contra as Leis Townshend. Cinco colonos morreram durante o Massacre de Boston, em 5 de março de 1770, fuzilados pelos soldados britânicos.

Dessa vez, as autoridades britânicas não estavam dispostas a tolerar protesto ou desobediência. O novo primeiro-ministro, lorde Frederick North (1770-82), estava determinado a seguir um caminho de não-conciliação com as colônias norte-americanas. Assim, depois que a Câmara de Representantes de Massachusetts enviou uma carta circular às outras assembléias coloniais solicitando uma petição conjunta respeitosa ao rei, o Parlamento ordenou que o governador dissolvesse a assembléia, caso ela não recolhesse a circular. Foi uma medida temerária, condenada ao fracasso. Ao dar essa ordem, o Parlamento devia saber que se arriscava a uma recusa flagrante da Câmara de Representantes de Massachusetts. Depois de negar-se a voltar atrás por uma maioria de 92 contra 17 votos, a assembléia foi dissolvida pela coroa, e protestos violentos iniciaram-se em todas as colônias. Violência semelhante irrompeu em Nova York.

Para restabelecer a paz, o governo britânico recorreu à força militar, estacionando cerca de quatro mil soldados em Boston e um número semelhante em Nova York. Elevaram-se as tensões, especialmente depois da morte de um civil no levante de Gordon Hill em Nova York e de outros cinco no Massacre de Boston, em 5 de março de 1770. O governo britânico perdera o controle das colônias.

Assim como as outras tentativas de gerar receita nas colônias, as Leis Townshend estavam destinadas ao fracasso e foram revogadas pelo Parlamento no mesmo dia

A Boston Tea Party, organizada por Samuel Adams, foi um protesto contra o monopólio do chá concedido à Companhia das Índias Orientais. A coragem e a teatralidade do protesto inspiraram muitos patriotas americanos, e o desafio audacioso à autoridade britânica representou a inevitabilidade da guerra.

do Massacre de Boston. Ironicamente, apenas o novo imposto sobre o chá foi mantido, um gesto simbólico do Parlamento britânico para manter a dignidade. Mas o chá tornar-se-ia em breve o foco de um radicalismo americano crescente.

"A sorte está lançada"

Quando a Companhia das Índias Orientais adquiriu o monopólio sobre a importação de chá para as colônias, os americanos reagiram uma vez mais. Os protestos contra a importação geraram um boicote contra o chá importado, que passou a ser devolvido para a Inglaterra em vez de posto à venda. Em Boston, Samuel Adams planejou uma criativa manifestação de protesto: na noite de 16 de dezembro de 1773, os Filhos da Liberdade, disfarçados de guerreiros indígenas americanos, embarcaram em três navios britânicos e despejaram as cargas de folhas de chá no mar. A flagrante demonstração de desrespeito inflamou o orgulho britânico tanto quanto levou ao deleite os americanos mais radicais.

"A sorte está lançada", escreveu Jorge III quando recebeu as notícias da Boston Tea Party, a "Festa do Chá" de Boston. "Ou as colônias se submetem ou triunfam."

O Parlamento respondeu com as Leis de Coerção de 1774 — conhecidas pelos colonos como Leis Intoleráveis. Com esperança de isolar Massachusetts, o Parlamento britânico fechou os portos americanos até que o chá fosse pago, alterou o sistema de governo na colônia, passando o controle para a Grã-Bretanha, e permitiu o confisco de propriedades para acantonar o exército da coroa. Ao mesmo tempo, a Lei de Quebec, de 1774, definiu a fronteira do Canadá nos montes Apalaches, limitando a expansão em direção ao oeste.

Os delegados ao Primeiro Congresso Continental em 1774 reuniram-se no Carpenter's Hall, na Filadélfia, Pensilvânia. O objetivo era alcançar um acordo de paz com o governo britânico para melhorar as relações e liberar as colônias das medidas restritivas.

Os Congressos Continentais

Em resposta às Leis de Coerção e às ameaças à autonomia de Massachusetts, a assembléia da Virgínia solicitou a realização de um congresso com a participação de representantes de todas as 13 colônias. O Primeiro Congresso Continental aconteceu na Filadélfia, em 12 de setembro de 1774, com a participação de 12 das 13 colônias (somente a Geórgia não compareceu).

O Congresso não tinha como objetivo a independência; desejava apenas o autogoverno dentro do Império Britânico. Como as colônias não tinham representação no Parlamento — e ambos os lados reconheciam que a distância física tornava a representação direta impossível —, os americanos achavam que o Parlamento não tinha o direito de legislar sobre eles. A Grã-Bretanha reafirmou a soberania sobre os territórios, ressaltando que estes eram "virtualmente" representados, da mesma forma que a maioria da população britânica o era — somente uma minoria do povo britânico tinha direito a voto, e, mesmo assim, os representantes eleitos estabeleciam as leis para todos.

O Congresso Continental esperava restabelecer relações pacíficas com a Grã-Bretanha, exercendo sobre a mãe-pátria uma pressão suficiente apenas para estimular o Parlamento a retirar as medidas restritivas, e não para piorar o relacionamento. Ele publicou um documento intitulado "Declaração de direitos e agravos", dirigido ao povo britânico, e enviou uma petição ao rei Jorge III;

THE
PETITION
OF THE
GRAND AMERICAN CONTINENTAL
CONGRESS,
TO THE
KING's
Most Excellent Majesty.

AMERICA:

A petição redigida pelo Primeiro Congresso Continental ao rei Jorge III aceitava a regulamentação do comércio americano feita pelo Parlamento, mas não reconhecia o direito dessa instituição de elaborar leis para as colônias em qualquer outra questão.

ambos aceitavam que o Parlamento regulamentasse o comércio americano, mas rejeitavam qualquer outra legislação. O Congresso também concordou com uma "Associação" — basicamente uma série de embargos econômicos gradativos sobre os produtos britânicos importados e sobre os produtos americanos exportados à Grã-Bretanha, bem como uma infra-estrutura para garantir seu cumprimento. Se essas medidas não atingissem os objetivos, então um segundo Congresso seria convocado na primavera de 1775.

Em contraste com essas declarações moderadas, o Congresso também endossou a Resolução Suffolk, uma declaração escrita pelas assembléias de Massachusetts, que rejeitavam as Leis de Coerção como contrárias a suas cartas estaduais ou constituições; o documento convidava o povo da colônia a se rebelar contra a ocupação britânica. Essa declaração radical era equivalente a uma declaração de guerra contra a Grã-Bretanha.

Na época, John Adams, delegado de Massachusetts, tinha poucas esperanças de ver as medidas do Congresso efetivadas. Ele escreveu mais tarde em suas memórias:

> Após o congresso ter encerrado as atividades, como se pensava, no outono de 1774, eu tive com o sr. [Patrick] Henry, antes de nos despedirmos, uma conversa informal, na qual expressei a total convicção de que nossas resoluções, declaração de direitos, enumeração de injustiças, petições, protestos, discursos, acordos de não-importação e associações, independentemente de como fossem vistos na América e de quão necessários fossem para sedimentar a união das colônias, seriam totalmente desprezados na Inglaterra.

E ele não estava errado.

A resposta do Parlamento às petições do Congresso foi moderada, mas praticamente sem qualquer alcance para satisfazer os anseios americanos de autogoverno. A Resolução Conciliatória do Norte propunha que qualquer colônia que conseguisse financiar o próprio

O primeiro tiro da Revolução Americana foi disparado em Lexington, Massachusetts (esquerda). Os soldados britânicos estavam a caminho de Concord para confiscar armas estocadas pelos rebeldes americanos quando Paul Revere (acima, em retrato feito por John Singlenton Copley) espalhou a notícia das manobras britânicas, avisando os patriotas para que pudessem organizar sua defesa. Revere era um membro ativo dos Filhos da Liberdade e um dos melhores prateiros da Nova Inglaterra.

governo e pagar uma contribuição (a ser determinada pela Grã-Bretanha) para sua defesa não seria taxada pela coroa; além disso, qualquer tributo alfandegário local seria destinado ao erário da colônia. Mas isso não revogou as sanções impostas a Massachusetts — e, de qualquer maneira, os acontecimentos ali tornariam inúteis todas as tentativas de acordo.

O general Thomas Gage, líder militar britânico que havia sido nomeado governador de Massachusetts, recebeu ordens para aplicar as Leis de Coerção e prender os líderes rebeldes. No dia 18 de abril de 1775, ele enviou uma divisão de sua guarnição para confiscar as armas estocadas pelos rebeldes de Concord, fora de Boston, mas a notícia foi espalhada com antecedência por Paul Revere e outros patriotas, permitindo aos colonos reunirem-se e armarem-se para a defesa. O primeiro tiro foi dado em Lexington, a caminho de Concord— ninguém sabe quem puxou o gatilho.

O Segundo Congresso Continental reuniu-se em 10 de maio de 1775, como planejado, e um rico empresário de Boston, John Hancock, foi escolhido para presidente. A guerra já havia começado, e o Congresso tornou-se efetivamente o governo central das colônias unidas. A Casa constituiu um exército liderado por George Washington, instituiu um comitê para estabelecer contatos com países estrangeiros — com vistas a formar alianças e atrair ajuda financeira — e providenciou meios para financiar os esforços de guerra.

No ano seguinte, os membros desse Congresso alcançariam fama eterna como os signatários da Declaração de Independência. Todavia, a essa altura, o Congresso ainda não buscava a independência, e sim uma reconciliação. Foi publicada a Declaração das Causas e da Necessidade de Empunhar Armas, escrita por John Dickinson, da Pensilvânia, e Thomas Jefferson. Nesse documento, o Congresso assegurava que não tinha "a intenção de dissolver essa união que por tanto tempo e de forma tão bem-sucedida existiu entre nós. A necessidade ainda não nos levou a essa medida desesperada, nem nos induziu a incitar qualquer outra nação a lutar contra os britânicos."

Dickinson havia também escrito a "Declaração de direitos e agravos" publicada anteriormente pelo Congresso da Lei do Selo, mas ficou mais conhecido como o autor das "Cartas de um fazendeiro da Pensilvânia aos habitantes das colônias britânicas", que foram publicadas em vários jornais das colônias na época das Leis Townshend. Seu ponto de vista moderado ajudou a conquistar muitos colonos conservadores para a causa patriótica. Mais tarde, Dickinson recusar-se-ia a assinar a Declaração de Independência, ainda na esperança de uma improvável reconciliação.

Ao mesmo tempo em que se preparava para guerra, o Congresso tentava uma vez mais acalmar a situação, enviando a Jorge III, em julho de 1775, a Petição Olive Branch, por exigência de Dickinson. A petição foi assinada por quase todos os homens que subscreveriam a Declaração de Independência exatamente um ano depois. Foi o resultado de um acordo interno. A essa altura, a maioria do Congresso era a favor da independência, e concordou em expedir a petição com rapidez esperando que, caso fosse rejeitada, os membros ainda contrários à independência mudassem de opinião.

Quando a petição chegou a Londres, Jorge III não estava mais disposto a negociar e recusou-se até mesmo a recebê-la. Em agosto de 1775, declarou que as colônias encontravam-se em estado de rebelião. A resposta militar britânica foi imediata, revidada pelas forças americanas organizadas.

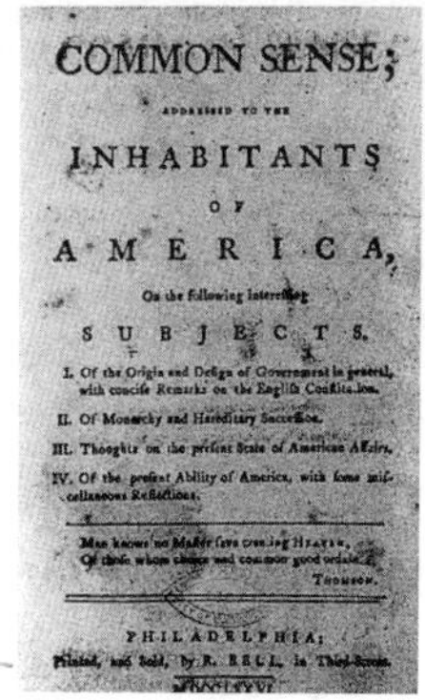

COMMON SENSE;

ADDRESSED TO THE

INHABITANTS

OF

AMERICA,

On the following interesting

SUBJECTS.

I. Of the Origin and Design of Government in general, with concise Remarks on the English Constitution.

II. Of Monarchy and Hereditary Succession.

III. Thoughts on the present State of American Affairs.

IV. Of the present Ability of America, with some miscellaneous Reflections.

Man knows no Master save creating Heaven,
Or those whom choice and common good ordain.

THOMSON.

PHILADELPHIA;
Printed, and Sold, by R. BELL, in Third-Street.

Folha de rosto da primeira impressão de *Senso comum*, de Thomas Paine. O panfleto defendia a independência em linguagem clara, e teve grande influência para angariar apoio à causa americana.

Senso comum

Em janeiro de 1776, foi publicado o panfleto político de Thomas Paine, *Senso comum*, que tornou explícita a causa da independência, até então não mencionada. A obra teve 25 impressões apenas no primeiro ano, tendo vendido mais de 150 mil exemplares nas primeiras semanas, e foi lida por praticamente todos os homens das colônias.

Paine, um quáquer, havia emigrado da Inglaterra para a América do Norte em 1774. Ainda em Londres, conhecera e causara boa impressão em Benjamin Franklin, que lhe dera várias cartas de apresentação para usar no Novo Continente. Jornalista autodidata, Paine escreveu com paixão, usando uma linguagem acessível ao homem comum, em vez de adotar a prosa erudita e complexa normalmente usada por autores de panfletos. Seu estilo era semelhante ao de Franklin, e muita gente suspeitou ser este o verdadeiro autor de *Senso comum*, já que, à época da publicação, Paine era desconhecido.

Em termos ousados, Paine atacou a monarquia: não somente o conceito em si, mas também o próprio Jorge III, a quem se referiu como "o tirano da Grã-Bretanha". Afirmou que esse sistema de governo, por conferir tanto poder a um indivíduo, era antinatural e propenso à corrupção: "Para a sociedade e diante de Deus, um homem honesto tem mais valor do que todos os facínoras coroados que já existiram." A regra da hereditariedade monárquica acarretava que os líderes estivessem muito distantes do povo que governavam. Esperanças de reconciliação eram

Thomas Paine chegou à América do Norte vindo da Inglaterra em 1774. Ao longo da Revolução Americana, seus panfletos despertaram entusiasmo em prol da causa patriótica. Posteriormente, retornou a Londres, onde foi condenado por traição em 1792, em razão de seus escritos políticos.

um "sonho ilusório", e Paine propunha, em seu lugar, um sistema de governo representativo para as colônias, bastante semelhante ao já existente. Para ele, a escolha era simples — permanecer sob o jugo de um tirano em um sistema injusto ou conquistar a liberdade e a prosperidade.

Os representantes do Congresso enviaram cópias de *Senso comum* a suas colônias para angariar o apoio dos constituintes. Embora suas idéias não fossem novas, Paine resumiu o pensamento contemporâneo de forma eloqüente e persuasiva, o que ajudou a mudar a vontade popular em prol da independência.

Independência

Os acontecimentos avançaram velozmente nos primeiros cinco meses de 1776. Em março, a assembléia da Carolina do Norte foi a primeira a votar a favor da independência. O Congresso aprovou a Resolução de Corso, instituindo uma marinha, e, em abril, concedeu a abertura dos portos aos navios comerciais de outras nações, acabando de uma vez por todas com o controle britânico sobre o comércio. No início de maio, John Adams propôs ao Congresso aconselhar as colônias a constituir um governo estadual independente. Foi adotada a seguinte resolução: "É recomendado a todas as colônias que ainda não tenham estabelecido governos adequados a suas exigências específicas adotá-los de modo a, na opinião dos representantes do povo, conduzir melhor à felicidade e à segurança de seus constituintes, em particular, e dos americanos em geral." Nesse mesmo mês, o Congresso foi informado de que os britânicos haviam contratado mercenários alemães para lutar contra os colonos, iniciando assim o envolvimento estrangeiro no conflito.

No dia 7 de junho de 1776, Richard Henry Lee, delegado da Virgínia, propôs ao Congresso a seguinte moção: "Que estas Colônias Unidas sejam, e por direito devem ser,

Estados Livres e Independentes, e que sejam liberadas de toda e qualquer fidelidade à coroa britânica, e que todas as conexões políticas entre estas e o Estado da Grã-Bretanha sejam totalmente dissolvidas."

Como a Virgínia era não só a mais populosa, mas também a mais opulenta das colônias norte-americanas, a declaração teve uma importância extra por ter sido proferida por um delegado da região. A Casa dos Representantes da Virgínia (como a assembléia local era conhecida) havia tomado a decisão de, em maio, enviar um delegado ao Congresso para propor a independência.

Membro dos Filhos da Liberdade da Virgínia, Henry Lee há muito atuava no poder legislativo da colônia em prol da emancipação, juntamente com Thomas Jefferson e Patrick Henry. Ele era o mais eloqüente dos delegados da Virgínia nos Congressos Continentais; na realidade, muitos o consideravam um dos melhores oradores de todas as colônias (foi mais de uma vez comparado a Cícero). Embora fosse de praxe conceder ao proponente de uma moção a honra de presidir o comitê responsável por sua redação, Henry Lee nao foi nomeado para o que redigiria a Declaração de Independência; Jefferson representou a Virgínia em seu lugar. Na época, dizia-se que Lee se afastara para dar assistência à mulher doente, porém é mais provável que fosse considerado radical demais — e com muitos inimigos no Congresso — para lidar com tarefa tão delicada. No entanto, foi um dos signatários da Declaração e, mais tarde, desempenhou papel importante na aprovaçao da Carta de Direitos Civis – as dez primeiras emendas à Constituição — pelo Congresso.

A veemência das palavras finais de Lee fornece uma imagem clara de sua famosa eloqüência:

> Por que, então, senhor, por que adiarmos por mais tempo? Por que ainda deliberar? Que este dia feliz faça nascer uma república americana. Que ela surja não para devastar e conquistar, mas para restabelecer o reinado da paz e da lei. Os

Richard Henry Lee, patriota atuante de longa data, foi o delegado da Casa dos Representantes da Virgínia ao Congresso Continental. Famoso por sua eloqüência, proferiu o discurso que introduziu a moção exigindo a independência para as colônias norte-americanas.

Roger Sherman, delegado de Connecticut ao Congresso Continental, foi membro do comitê de redação da Declaração de Independência. Foi o único homem que assinou, além desse importante documento, os artigos de associação, os artigos da confederação e a Constituição.

> olhos da Europa estão voltados para nós: ela nos reivindica um exemplo vivo de liberdade que possa mostrar o contraste entre a felicidade do cidadão e a crescente tirania que assola sua costa poluída. Ela nos convida a preparar um refúgio onde o infeliz possa encontrar conforto, e o perseguido, repouso. Insta-nos a cultivar um solo propício, onde a planta generosa que primeiro surgiu e cresceu na Inglaterra, mas que agora fenece com as venenosas explosões da tirania escocesa, possa reviver e florescer, abrigando sob sua sombra revigorante e ilimitada todos os desditosos da raça humana. Se, neste dia, não fraquejarmos em nosso dever, os nomes dos legisladores americanos de 1776 irão para a posteridade ao lado de Teseu, Licurgo e Rômulo, dos três Guilhermes de Nassau e de todos cuja memória foi, e sempre será, cara aos homens virtuosos e bons cidadãos.

O debate inflamado que se seguiu durou dois dias, e a votação foi adiada por três semanas para que os representantes dos estados que não haviam ainda aprovado o voto pela independência — a saber, Maryland, Delaware, Nova Jersey e Nova York — retornassem a suas terras a fim de conquistar apoio para a moção.

No entanto, ao mesmo tempo em que adiou a votação, o Congresso, antecipando o sucesso do voto favorável, estabeleceu um comitê para redigir a Declaração de Independência. Os cinco membros foram os seguintes: Benjamin Franklin, da Pensilvânia, John Adams, de Massachusetts, Roger Sherman, de Connecticut, Robert R. Livingston, de Nova York, e Thomas Jefferson, da Virgínia.

Apesar de terem sido confiados com essa importante tarefa, esses homens tinham ainda muitas outras responsabilidades. Adams e Franklin estavam também envolvidos na preparação dos tratados a serem submetidos a potências estrangeiras; Adams era membro do Conselho de Guerra; Livingston e Sherman faziam parte do comitê que preparava os artigos da confederação; e o próprio Jefferson participava de vários comitês voltados para as relações com o Canadá e de um outro que estabelecia regras para os debates no Congresso.

Roger Sherman já era uma figura proeminente na política local quando foi escolhido para representar seu estado, Connecticut, em ambos os Congressos Continentais. Participou com Adams do comitê encarregado de estabelecer o Conselho de Guerra para administrar o exército e, com Jefferson, de outro comitê para investigar um problema de conduta no Canadá; com Robert Livingston, participou do comitê encarregado de preparar os artigos da confederação. Embora pareça ter contribuído relativamente pouco para a redação da Declaração, ficou conhecido por seu bom senso, imparcialidade e integridade, e deve ter exercido influência estabilizadora em todos os grupos em que trabalhou. Sherman foi posteriormente membro da Convenção Constitucional e defensor convicto da nova Constituição. Foi também membro da Câmara dos Deputados e do Senado.

Robert R. Livingston, o delegado de Nova York, era membro de uma família americana proeminente durante os períodos colonial e pós-colonial. Embora tivesse sido membro do comitê de redação, não assinou a Declaração de Independência.

Robert R. Livingston, embora tivesse participado do comitê que preparou a Declaração de Independência, não a assinou porque não recebeu autorização do congresso provincial de Nova York. Vinha de uma família que tivera, por muito tempo, influência política naquele estado. Seu avô, que havia emigrado da Escócia, era um dos homens mais ricos da região, graças à combinação de um brilhante casamento e do comércio com os nativos americanos. Foi secretário de negócios indígenas por mais de 30 anos e também membro da assembléia estadual. O pai de Livingston era um líder político *whig*, e atuou como juiz estadual e como representante no Congresso do Selo. O próprio Livingston era advogado e foi companheiro de John Jay, que mais tarde iria negociar o Tratado de Paris com a Grã-Bretanha no final da guerra. Livingston, como primeiro-secretário de assuntos estrangeiros, instruía os diplomatas — inclusive Jay. Mais tarde, no governo de Thomas Jefferson, ocupou o cargo de embaixador na França, onde negociou os termos da aquisição da Louisiana.

Benjamin Franklin em 1785, ao retornar da França após negociar o Tratado de Paris. Ele foi um dos principais estadistas americanos do período revolucionário; apesar disso, seus esforços incansáveis e sua diplomacia não conseguiram evitar a guerra. Como membro do comitê de redação da Declaração de Independência, fez apenas pequenas — mas significativas — alterações na versão de Jefferson.

Benjamin Franklin era o estadista mais velho do grupo. À época estava doente, sofrendo de gota e furúnculos na perna, e desempenhou um papel reduzido na primeira versão da Declaração de Independência, mas introduziu algumas mudanças pequenas, embora fundamentais, antes de Jefferson submeter o documento ao Congresso. Franklin nunca se lamentou por não ser considerado o autor de um documento de tal valor histórico: "Tomei como princípio, sempre que possível, evitar ser redator de documentos a serem revistos pela coletividade." Thomas Jefferson, que ficou contrariado com as alterações substanciais introduzidas pelo Congresso no documento, certamente compartilhava dessa opinião.

Franklin demorou a converter-se à causa da independência. Nascido em Boston, mudou-se para a Filadélfia ainda jovem e tornou-se conhecido como editor do jornal *Pennsylvania Gazette*. Ativo em várias áreas do conhecimento, Franklin deu contribuições tanto à ciência — por exemplo, com a invenção das lentes bifocais e do pára-raios — quanto à vida pública. Residiu por 18 anos na Inglaterra, tentando influenciar o Parlamento a ser favorável não somente a seu estado natal, a Pensilvânia, mas também a todas as colônias norte-americanas. Durante esse período, chegou a considerar a possibilidade de passar a residir permanentemente em Londres.

Defensor do Império Britânico, Franklin considerava benéfico para toda a América fazer parte da coroa; reconhecia que um dia a América seria mais forte do que a Grã-Bretanha em números e recursos, e tinha esperança de conseguir uma união que favorecesse igualmente ambas as partes. Somente em janeiro de 1775 Franklin defendeu, da galeria da Câmara dos Lordes, uma proposta moderada que oferecia autonomia limitada às colônias. Porém, quando retornou à América mais tarde naquele ano, aos 69 anos, percebeu com clareza que a cisão entre a coroa e as colônias era irremediável, e foi um convertido dedicado à causa da independência. No fim de 1776, retornou à Europa como um proeminente diplomata americano em busca do apoio da França e, posteriormente, iniciou as negociações para estabelecer um acordo de paz com a Grã-Bretanha.

John Adams — ambicioso, loquaz e franco, tanto em seus discursos como em seus escritos – tornou-se uma figura proeminente ao se opor à Lei do Selo, em Massachusetts, celeiro do radicalismo. Além disso, vinha sendo, há muito tempo, um defensor feroz da causa da independência. Já em 1755, escrevia o seguinte:

> Logo depois da Reforma, algumas pessoas vieram para este novo mundo por uma questão de consciência: talvez esse incidente, aparentemente trivial, possa fazer com que a sede do império se transfira para a América. Parece-me provável; pois, se conseguirmos expulsar os gauleses turbulentos, nosso povo, de acordo com os cálculos mais exatos, tornar-se-á, daqui a um século, mais numeroso do que a própria Inglaterra. Se isso acontecer, já que temos, posso assim dizer, toda a costa naval da nação em nossas mãos, será fácil obter o domínio dos mares; e a força unida de toda a Europa não conseguirá nos subjugar. A única maneira de impedirem que nos estabeleçamos por nós mesmos é desunindo-nos.

Em sua autobiografia, escrita em 1805, Adams afirmou ter sido designado pelo comitê, juntamente com Jefferson, para a tarefa de redigir a Declaração, mas lamentavelmente declinara da honra, por várias razões: "Eu tinha uma Opinião excelente sobre a Elegância de sua pena [de Jefferson] e nenhuma sobre minha própria." Jefferson contestou essa versão dos acontecimentos, afirmando que somente ele havia sido selecionado pelo comitê, mas que submetera uma versão inicial do documento a Adams e a Franklin e que tanto um quanto outro haviam feito algumas alterações.

Apesar de Adams ter desempenhado um papel pequeno na elaboração da Declaração de Independência, foi

John Adams era conhecido por ser impetuoso e obstinado, mas poucos políticos foram mais dedicados à causa da independência. Sua participação no comitê de redação do documento foi o começo de uma contínua rivalidade com Thomas Jefferson — Adams ressentiu-se da maneira como as contribuições de Jefferson foram celebradas nos anos que se seguiram.

A estátua de Thomas Jefferson encontra-se sob a cúpula abobadada do Jefferson Memorial, em Washington DC. Nas paredes em torno, as palavras de Jefferson na Declaração de Independência.

um dos mais fortes defensores do documento, falando de forma clara e persuasiva sobre o texto em várias ocasiões. Em 1777, viajou à França para fazer parte do grupo de diplomatas americanos, mas sua natureza franca mostrava não ser ele o mais indicado para a função. Não obstante, desempenhou esse papel ocasionalmente até 1788, auxiliando nas negociações do Tratado de Paris, em setembro de 1783, retornando para tornar-se o vice-presidente de George Washington e, mais tarde, o segundo presidente dos Estados Unidos.

Hoje, Thomas Jefferson é famoso como o autor da Declaração de Independência — e como o terceiro presidente dos Estados Unidos — e lhe atribuímos a nobreza que essas responsabilidades acarretam. Para seus contemporâneos, Jefferson era tímido e reservado, embora todos reconhecessem que era extremamente inteligente e extraordinariamente culto. Alto e magro, de cabelos ruivos, Jefferson não se destacava como orador, numa época em que a boa oratória era muito valorizada. Foi assim descrito quando estava na meia-idade, depois de sua nomeação para primeiro-secretário de Estado: "Sua figura tem um ar frouxo e incoerente. Seu olhar é vago e vazio, e em seu porte nada há de firme e controlado ... até mesmo seu discurso assemelha-se a sua aparência. É impreciso e disperso, e no entanto, por onde quer que vá, espalha informações e por vezes tem lampejos brilhantes."

Jefferson era filho de um proprietário de terra abastado, vitorioso por seu próprio esforço, que ganhou a vida como topógrafo. Sua mãe, no entanto, vinha de uma família proeminente da Virgínia. Aluno sagaz, Jefferson estudou letras clássicas quando jovem e depois direito no William & Mary College. Apesar de não se destacar como orador, era um grande erudito e tinha boa memória. Após uma carreira curta e sem grande destaque como advogado, participou da Casa de Representantes da Virgínia em 1768, exatamente na época em que o debate sobre tributação ganhava força. Jefferson era inabalável em seu apoio aos direitos americanos e sua posição foi habilmente colocada no documento "Um resumo dos direitos da América britânica", publicado pelo Congresso Continental sem seu consentimento em 1774. Nesse documento, ele enfatizava o fato de a lealdade ao rei ser puramente voluntária, e rejeitava a autoridade do Parlamento nas colônias.

Jefferson relutou em entrar na política nacional, concentrando-se na Virgínia. Não participou do Primeiro Congresso Continental, e foi delegado no segundo somente como substituto de Peyton Randolph, convidado a participar da Casa de Representantes da Virgínia.

Thomas Jefferson projetou sua própria casa, Monticello, perto de Charlotteville, Virgínia. O trabalho de construção iniciou-se em 1770, e em 1772 Jefferson mudou-se para lá, embora tenha continuado a fazer alterações e inovações por vários anos. É um excelente exemplo do estilo clássico norte-americano.

Voltou rapidamente a seu estado natal: em outubro de 1776 já estava na Virgínia, a fim de colocar em prática seus princípios. Fez campanha pela abolição do sistema de primogenitura e de transmissão de herança, o que aboliria a aristocracia hereditária (da qual ele próprio se beneficiava), pela separação entre a Igreja e o Estado e pela liberdade religiosa. Seu mandato de governador (1779-81) foi um período difícil, visto que dirigiu o estado durante os últimos anos da Revolução Americana, quando as forças do país careciam de fundos e de energia. Retornou ao serviço da naçao como um delegado do Congresso Continental (1783-4); como embaixador na França, sucedendo a Benjamin Franklin em 1785; e depois como secretário de Estado e vice-presidente.

A carreira política de Thomas Jefferson culminou em dois mandatos presidenciais (1801-09), sendo ele o primeiro presidente a ser empossado em Washington DC. Na presidência, foi um firme defensor dos direitos dos estados, por crer que o papel do governo federal restringia-se muito às relações exteriores. Acreditava no poder da palavra escrita e também na interpretação literal da Constituição, ao contrário daqueles que promoviam a idéia de "poderes implícitos".

Encerrados os mandatos presidenciais, Jefferson deixou a vida pública e retirou-se, satisfeito, para Monticello, casa projetada por ele próprio na Virgínia. Dedicou-se a seus escritos e atividades acadêmicas e fundou também a Universidade da Virgínia. Hoje, as realizações de sua longa carreira são celebradas pelo Jefferson Memorial, em Washington DC, assim como em inúmeras bibliotecas e arquivos.

MANIFESTO

A DECLARAÇÃO DE INDEPENDÊNCIA
O DOCUMENTO

Quando forçados, portanto, a recorrer às armas para uma reparação, um apelo ao tribunal mundial fez-se necessário para nos justificarmos. Essa era a finalidade da Declaração de Independência. Não descobrir novos princípios ou novos argumentos nunca antes considerados, não meramente dizer coisas que jamais haviam sido ditas, mas expor à humanidade o senso comum da questão em termos simples e firmes, de modo a obter sua aprovação e legitimar a posição de independência que somos forçados a adotar. Sem objetivar originalidade de princípios ou sentimento, e ao mesmo tempo sem copiar qualquer texto anterior, o documento pretendia ser uma expressão do pensamento americano e dar a essa expressão o tom e o espírito que a ocasião exigia.

THOMAS JEFFERSON A HENRY LEE, 1825 (*Escritos*, 1984)

Algernon Sidney foi um dos teóricos políticos mais importantes do século XVII. Sua defesa do questionamento permanente à autoridade e da deposição de governos que não correspondessem às necessidades do povo teve muitos adeptos em todas as colônias norte-americanas.

Ao preparar a Declaração de Independência, Thomas Jefferson estava aberto a diversas influências. Durante toda a vida foi um estudioso incansável, familiarizado não somente com os autores contemporâneos, como os filósofos ingleses John Locke e Algernon Sidney, mas também com os clássicos.

Jefferson conhecia também outros documentos históricos importantes de sua época e havia até contribuído para a elaboração de alguns deles, como a Constituição da Virgínia. Todas essas influências são notórias em sua obra.

No entanto, o fato de vestígios dessas fontes aparecerem na Declaração de Independência de forma alguma deprecia sua qualidade. O próprio Jefferson não reivindicava originalidade. Como escreveu mais tarde referindo-se à Declaração: "Toda a sua autoridade encontra-se nos sentimentos harmonizadores da época, quer expressos em conversas, cartas e ensaios, quer na bibliografia básica de domínio público, como Aristóteles, Cícero, Locke, Sidney." Na verdade, na época de Jefferson, a habilidade de fazer empréstimos e referências a outras obras e autores era uma indicação de erudição tão apreciada e respeitada como a originalidade o é hoje.

A corrente filosófica

Embora seja hoje praticamente desconhecido, Algernon Sidney (1622-83) foi um dos mais influentes políticos teóricos dos séculos XVII e XVIII. Muitas de suas idéias encontram-se por trás das posições adotadas pelos grandes filósofos iluministas que o seguiram, incluindo os principais políticos norte-americanos.

Sidney, o segundo filho do segundo conde de Leicester, lutou ao lado dos parlamentares durante a Guerra Civil Inglesa e foi membro do Parlamento Longo (Long Parliament), mas opunha-se à tendência ditatorial de Oliver Cromwell. Estava fora do país quando houve a Restauração. Depois de seu retorno à Inglaterra, associou-se aos adversários de Carlos II e negociou o apoio dos franceses e holandeses a uma rebelião contra o rei. Quando Carlos II fechou temporariamente o Parlamento, alguns de seus adversários recearam que seu objetivo fosse retornar à monarquia absoluta e formaram uma conspiração para assassiná-lo, que ficou conhecida como a Conspiração da Casa do Centeio (Rye House Plot). Embora fosse provável que Sidney não estivesse envolvido, suas outras atividades contra o rei tornaram-se públicas e ele foi condenado por

Durante o período em que redigiu a Declaração de Independência, Thomas Jefferson residiu na Graft House, na Filadélfia. Atualmente, o edifício, conhecido como Declaration House (Casa da Declaração), é parte do Parque Histórico Nacional da Independência.

traição. As provas contra ele eram totalmente circunstanciais, muito calcadas em seus escritos, os "Discursos a respeito do governo" (1689), não publicados. Ainda assim, ele foi condenado e decapitado.

Sidney e suas obras eram muito respeitados nas colônias norte-americanas. Foi contemporâneo e amigo de William Penn, fundador da Pensilvânia, e apoiou os ideais que serviram de base à emancipação e à liberdade religiosa. Mais tarde, seus trabalhos foram citados por John Adams, Benjamin Franklin, Samuel Adams e James Madison. Thomas Jefferson, nos ensaios que escreveu para a Universidade da Virgínia, comparou a influência das idéias de Sidney na América à das de Locke.

Na visão de Sidney, a liberdade — o direito de buscar a felicidade e a segurança financeira — era um direito concedido por Deus (é importante observar que ele escreveu antes dos efeitos secularizantes do Iluminismo; mais tarde o mesmo conceito seria posto em termos de lei natural). As leis, construídas pelo homem, existem apenas para proteger e preservar a liberdade. Ele escreveu: "Se a segurança das pessoas é a lei suprema, e se essa segurança se manifesta e consiste na preservação de suas liberdades, seus bens, suas propriedades e sua vida, essa lei deve necessariamente ser a raiz e o começo, bem como o fim e o limite, de todo poder magistrático, e todas as leis devem ser a ela subservientes e subordinadas."

Não era a forma de governo que deveria ser considerada boa ou má, mas sim cada governo, julgado por seus objetivos e realizações. Sidney não se opunha à monarquia, embora achasse que ela estava mais sujeita à corrupção e ao desgoverno do que os regimes republicanos. Como escreveu: "A diferença entre maus e bons governos não é que uns tenham poder arbitrário e outros não, pois todos eles o têm; mas os que são bem constituídos exercem o poder de modo a beneficiar o povo e estabelecem regras tais que dificilmente serão transgredidas, enquanto os outros deixam de cumprir um ou ambos esses pontos." A idéia de que a lei deveria ser obedecida sem muito esforço agradava ao povo americano, que se sentia injustiçado pelas regras inadequadas impostas por um governo distante, desconhecedor de sua situação particular.

Como os pensadores iluministas, para quem era uma inspiração, Sidney defendia o questionamento à autoridade. "Quem calça um sapato que machuca o pé só porque o sapateiro lhe diz que é bem-feito? ... Aqueles que são dotados de razão, entendimento ou bom senso farão uso desses atributos, e deverão fazê-lo, nas coisas que dizem respeito a si próprios e à sua posteridade." Ao assumir essa posição crítica em relação aos governantes, as pessoas serão capazes de garantir que o governo permaneça justo.

Se um governo é considerado deficiente, o homem, que o criou e aprovou, também tem o direito de dissolvê-lo, na concepção de Sidney. Seu apoio radical à revolução conquistou muitos adeptos nas colônias, especialmente porque toda rebelião deveria ser iniciada somente após uma investigação racional. No entanto, seu apelo não era por uma insurreição temerária, mas por um governo representativo responsável. "Deus deixa ao Homem a escolha das Formas de Governo, e aqueles que constituem uma Forma podem aboli-la. ... A revolta geral de uma Nação não pode ser chamada de Rebelião." Para Sidney, a força era o último recurso, pois, afirmava, um governo que sobe ao poder desse modo, e assim mantém a autoridade, está sujeito a ser deposto também pela força — contudo, esta pode algumas vezes ser necessária para implementar uma forma de governo que obtenha consentimento universal.

O Iluminismo

A fermentação política nas colônias norte-americanas ocorria no contexto do Iluminismo, o movimento de transformação intelectual que se espalhou por toda a Europa e pelo Novo Mundo. A Declaração de Independência foi inspirada nas idéias iluministas — e também serviu para lhes dar forma. Jefferson e Franklin são considerados os principais expoentes desse pensamento, e a Declaração é um de seus textos canônicos.

Movimento intelectual amplo, o Iluminismo abrangeu avanços em ciência, filosofia, teoria política e teologia. Os pensadores iluministas tinham um compromisso com o progresso, especificamente aquele alcançado por meio do questionamento racional. Inspirados pelas descobertas de Isaac Newton, que permitiram um grande avanço na compreensão do mundo natural, eles buscavam descobrir os princípios universais — as leis naturais, as verdades claras, distintas, auto evidentes — que governam a existência humana.

As descobertas de Isaac Newton sobre o mundo natural inspiraram os filósofos iluministas a estender as fronteiras do conhecimento, pesquisando a forma como os seres humanos pensam e aprendem.

Filósofos britânicos, como John Locke e David Hume, testavam e expandiam os limites do entendimento humano empiricamente, procurando as bases do conhecimento nas experiências e sensações humanas. O conceito de Locke de tábula rasa (de que ao nascer a pessoa é como uma "tela em branco", sobre a qual a família e a sociedade inscrevem a sabedoria e os costumes) era uma idéia-chave do Iluminismo. Por exemplo, uma das razões que levaram os enciclopedistas na França a produzir a grande *Encyclopédie* foi compartilhar e disseminar o conhecimento, pois estavam convencidos da imensa capacidade de aprendizado inerente a todos nós.

Esses temas reunidos — a base do conhecimento nas sensações (empirismo) e a tábula rasa — traziam implícita a idéia de que todos os homens são iguais, pelo menos ao nascer, e de que somente as vantagens sociais distinguem uns dos outros. A despeito de qualquer vantagem que resulte da situação social, as sensações são comuns e, desse modo, todos são capazes de adquirir conhecimento por meio delas. Em outras palavras, o conhecimento é acessível a todos. O conceito da tábula rasa teve grande influência nas colônias norte-americanas; os radicais viriam a considerar o Novo Mundo uma vasta tela em branco, na qual a ordem social poderia ser recriada.

Como no projeto iluminista tudo está sujeito à investigação racional, a Igreja e o Estado perderam um pouco da mística — não eram mais vistos como inquestionáveis. Assim como os teólogos reviram o relacionamento com a divindade, também os pensadores políticos reformularam as idéias sobre a relação do governo com o povo. Muitas dessas idéias estão evidentes na introdução da Declaração de Independência.

Em uma ordem social racional, de acordo com a teoria iluminista, o governo existe para proteger o direito do homem de ir em busca da sua mais alta aspiração, que é essencialmente a felicidade ou o bem-estar. O homem é motivado pelo interesse próprio (sua busca da felicidade), e a sociedade/governo é uma construção social, destinada a proteger cada indivíduo, permitindo a todos viver juntos de forma mutuamente benéfica.

O homem criou o governo para garantir os seus direitos, e nenhum governo legítimo pode existir sem o consentimento do governado; em outras palavras, o governo é um contrato social. A extensão lógica dessa idéia é que todos os homens têm o direito a autogoverno, a um governo de sua própria criação e de sua própria escolha, com o qual concordem livremente — e que, da mesma forma, têm o direito de se rebelarem caso o governo estabelecido não cumpra suas responsabilidades.

O fato de o pensamento iluminista rejeitar totalmente a tirania ou qualquer outra forma de governo absolutista era uma séria ameaça à ordem social estabelecida no mundo todo. Inspirados por essas idéias, os séculos XVII e XVIII foram um período de convulsão social, não somente na América, mas também na França, na Rússia e no império espanhol, para citar apenas alguns.

Documentos-chave: A Declaração de Direitos de 1689

Na política inglesa, as declarações eram um tipo específico de documento, com estilo formal embora não oficial ou legalmente definido. A importância especial das afirmações feitas dessa forma era entendida pelo governo e também pelo povo. Em geral, as declarações anunciavam e implementavam novas políticas. Por serem destinadas a angariar o apoio público, usualmente incluíam explicações claras e persuasivas. Durante toda a história inglesa, as declarações eram feitas pelo Parlamento e pelo monarca, e os colonos norte-americanos estavam apenas seguindo uma prática estabelecida quando enviaram suas próprias declarações — a Declaração de Tomada de Armas e a Declaração de Independência — à Inglaterra.

Nas colônias, a declaração inglesa mais conhecida era a Declaração de Direitos de 1689, o texto-chave da Revolução Gloriosa. Esse é o nome dado a uma série de acontecimentos em torno da abdicação ao trono de Jaime II,

Esquerda: Depois que as forças de Jaime II desertaram, ele fugiu para a França, como visto nesse desenho a lápis do século XIX.

Direita: A Revolução Gloriosa foi um golpe sem derramamento de sangue, que destronou Jaime II e levou ao reinado conjunto de Guilherme e Maria. A pintura a óleo do século XIX mostra Jaime II recebendo a notícia da chegada de Guilherme de Orange com suas tropas em 1688.

que fugiu sem lutar depois de despertar a inimizade da nação ao promover o catolicismo romano, a despeito das leis do Parlamento contrárias a isso. Com a ascensão ao trono de Guilherme de Orange e Maria, filha de Jaime II, o Parlamento publicou a Declaração, formalmente aprovada no dia 16 de dezembro de 1689. Depois da coroação, seguiram-se duas outras medidas legislativas: a Lei da Tolerância, que exigia tolerância religiosa; e a Lei Trienal (1694), que estabelecia eleições regulares a cada três anos e abolia o direito do monarca de dissolver o Parlamento arbitrariamente.

A Declaração, também conhecida como Carta de Direitos (*Bill of Rights*), era muito popular nas colônias. Consistia em três partes. Primeiro, havia uma passagem introdutória que formalmente colocava um fim ao reinado de Jaime II. Em seguida, uma lista de queixas específicas contra ele. E, depois, uma lista de 13 "direitos e liberdades indubitáveis", que estabelecia limites para os direitos legais do rei e protegia o poder legislativo do Parlamento — por exemplo, reservava-lhe o direito de criar impostos. Submetia ainda o monarca às leis do Parlamento e abolia seu poder de mudar essas leis arbitrariamente. A lista também incluía diversos direitos defendidos pelos colonos norte-americanos durante a luta política, como o de dirigir uma petição ao rei e o de não terem de se submeter a um exército permanente em tempos de paz.

A Declaração de Direitos da Virgínia

Dois documentos do estado da Virgínia marcam uma nítida transição entre a Declaração de Direitos inglesa e a Declaração de Independência: a Constituição da Virgínia, com um preâmbulo escrito por Thomas Jefferson na primavera de 1776; e a Declaração de Direitos da Virgínia, elaborada por George Mason aproximadamente na mesma época.

Cada estado logo adotaria sua própria versão desses documentos, que estabeleciam a base para o governo local e definiam as liberdades fundamentais. De fato, as várias partes da Declaração de Direitos inglesa se refletem nos documentos que constituíram os pilares de cada um dos estados norte-americanos: as declarações de independência, que equivaliam aos parágrafos introdutórios do documento inglês, eram elaboradas separadamente ou, muitas vezes, incorporadas à constituição estadual; a declaração (ou carta) de direitos protegia os indivíduos; e a constituição propriamente dita estabelecia os parâmetros de governo.

Jefferson usou o documento inglês como modelo para a estrutura e, algumas vezes, para a linguagem da Constituição da Virgínia, que teve a função de romper com a monarquia e consolidar um novo governo, do qual era o documento fundamental. Começou, como o texto anterior, com uma longa oração subordinada iniciada por "considerando que", estabelecendo o alvo das acusações como se segue: "Considerando que Jorge Guelf, rei da Grã-Bretanha e da Irlanda e eleitor de Hanover, até o presente no exercício das funções de soberano deste governo, tem tentado transformá-lo em uma tirania detestável e insuportável..."

Após listar 16 queixas específicas contra o rei, o documento final, como publicado pela Convenção Constitucional da Virgínia, afirma que "o governo deste país,

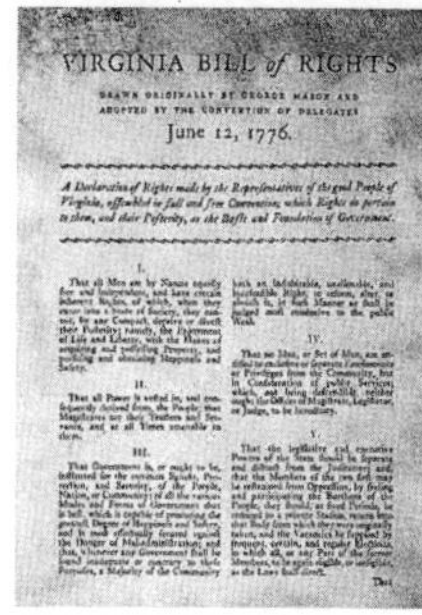
VIRGINIA BILL *of* RIGHTS

DRAWN ORIGINALLY BY GEORGE MASON AND ADOPTED BY THE CONVENTION OF DELEGATES

June 12, 1776.

Quando redigiu a Declaração de Independência, Thomas Jefferson já teria visto a Declaração de Direitos da Virgínia, que claramente influenciou suas idéias e seu estilo.

O fazendeiro da Virgínia George Mason foi um político relutante, mas seu vizinho George Washington persuadiu-o a assumir sua cadeira na Casa dos Representantes da Virgínia, enquanto permanecia afastado como general do Exército Continental. A Declaração de Direitos da Virgínia, escrita por Mason, revelou-se um dos documentos americanos iniciais mais influentes, e seu estilo foi imitado em muitas constituições estaduais.

anteriormente submetido à Coroa da Grã-Bretanha, está totalmente dissolvido".

A Declaração de Direitos da Virgínia chegou às mãos de Thomas Jefferson no momento em que a Declaração de Independência estava sendo elaborada, e exerceu sobre esta clara influência. Foi escrita por George Mason, a quem Thomas Jefferson se referia como "o homem mais sábio de sua geração".

Fazendeiro da Virgínia e vizinho de George Washington, Mason converteu-se à idéia da emancipação por repúdio à tributação excessiva. Não tinha interesse em cargo político, mas foi persuadido, pela gravidade dos acontecimentos, a ocupar a posição de Washington na Casa dos Representantes da Virgínia entre 1775 e 1780 (quando aquele esteve afastado, no comando do Exército Continental). Foi então que Mason escreveu, praticamente sozinho, a Declaração de Direitos do estado, na qual expressava a crença nos direitos individuais fundamentais, bem como em um governo limitado. Mais tarde, tornou-se membro da Convenção Constitucional, mas recusou-se a assinar a Constituição porque esta carecia de uma Carta de Direitos Civis; sua defesa incessante desse tema contribuiu para a adoção logo em seguida das dez primeiras emendas.

A Declaração da Virgínia começa com afirmações que repercutem na Declaração de Independência, ainda que no estilo mais elegante de Jefferson (e do Congresso): "Que todos os homens são criados igualmente livres e independentes, e têm certos direitos naturais inerentes, dos quais não podem, por qualquer acordo, privar ou desviar a sua posteridade; entre os quais estão o gozo da vida e da liberdade, com os meios de adquirir e usufruir propriedade, e procurar e encontrar felicidade e segurança."

O poder desses sentimentos certamente deve ter reverberado em Thomas Jefferson quando preparava a

Declaração de Independência. Eles aparecem também nas constituições de muitos outros estados, e até mesmo o estilo em que foram redigidos foi bastante imitado, em lugar do fraseado mais rebuscado de Jefferson.

"Uma expressão do pensamento americano"

Thomas Jefferson redigiu a Declaração em muito pouco tempo. Recorda-se John Adams: "Estávamos todos com pressa; o Congresso estava impaciente." Nada se sabe sobre o processo criativo de Jefferson; ele certa vez escreveu que não tinha pretensão de originalidade, ao contrário, esperava que o texto fosse "uma expressão do pensamento americano". É mais fácil saber o que aconteceu com o texto depois que Jefferson o enviou para o comitê de redação e em seguida para o Congresso.

O comitê de redação foi estabelecido pelo Congresso somente em 11 de junho de 1776; ainda assim, Benjamin Franklin recebeu uma primeira versão para revisão na sexta-feira, 21 de junho, quando o documento já havia sido revisado por aquele comitê, tendo as mudanças, anotadas no manuscrito, sido enviadas a Franklin para seus comentários. Junto com essa versão, Jefferson mandou um bilhete que revela como foi esse processo: "O documento anexado foi lido e aprovado pelo comitê com pequenas alterações. O dr. Franklin poderia fazer o obséquio de lê-lo com atenção e sugerir as alterações que sua visão mais abrangente do assunto ditar?" Jefferson também informou que enviaria o documento para o comitê no dia seguinte para a aprovação final.

A gravura mostra o comitê de redação trabalhando: Benjamin Franklin, Thomas Jefferson, John Adams, Robert Livingston e Roger Sherman. Pouco se conhece sobre as atividades do comitê, pois não restou nenhuma ata de suas reuniões.

Franklin fez uma mudança significativa no início do segundo parágrafo, contribuindo, assim, para uma das frases mais famosas da Declaração. No original de Jefferson, lia-se: "Consideramos estas verdades sagradas e inegáveis." Franklin alterou-a da seguinte maneira: "Consideramos estas verdades evidentes por si mesmas."

Remover o tom religioso estava perfeitamente de acordo com o espírito de secularização do Iluminismo, e transformou a frase na afirmação de um fato racional em vez de uma providência divina.

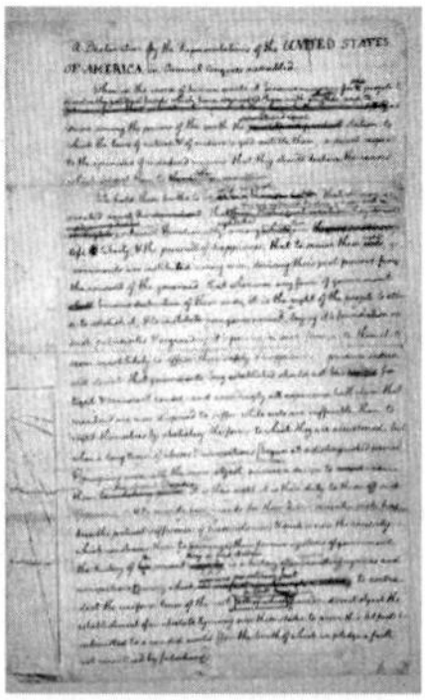

Esse rascunho da Declaração de Independência circulou entre os membros do comitê de redação. Traz a alteração significativa de Benjamin Franklin no segundo parágrafo, em que ele construiu a memorável frase: "Consideramos estas verdades evidentes por si mesmas..." O traço decisivo e característico de Franklin, usado para riscar o texto indesejado, foi um legado de sua experiência como tipógrafo.

A versão do Congresso

Enquanto o comitê fez poucas mudanças — "algumas pequenas alterações" —, o Congresso brandiu a caneta vermelha mais agressivamente. Dedicou três dias à análise da redação de Jefferson. No registro oficial consta que o Congresso tratou de questões essenciais no começo e no fim do dia, em 2, 3 e 4 de julho, antes de se voltar para a "declaração sobre a independência", como foi então chamada. Embora não haja qualquer relato sobre o que se passou nesses três dias, uma comparação entre a versão de Jefferson tal como aprovada pelo comitê (ver Apêndice) e a versão final mostra que o Congresso descartou cerca de um quarto do original.

A maior parte das mudanças ocorreu na metade final do documento. Até a última das acusações listadas contra o rei, apenas algumas palavras aqui e ali foram alteradas, principalmente para tornar a linguagem mais adequada. A primeira mudança substancial ocorreu quando o Congresso descartou a íntegra de uma acusação contra o rei relacionada à participação no comércio de escravos. Foi uma alteração prudente, porque a posse de escravos era difundida nas colônias e era inconsistente repreender o rei pelo envolvimento em uma prática da qual muitos colonos dependiam. Mesmo nesse estágio inicial da história americana, a escravidão era uma questão controvertida e complexa.

O Congresso também fez alterações no parágrafo sobre os "irmãos britânicos", simplificando-o e tornando-o mais moderado. Por fim, a conclusão foi substancialmente reescrita, incorporando parte do texto do discurso de Richard

Henry Lee, de 2 de julho, e adicionando duas referências a Deus, que Jefferson, um homem do Iluminismo, não havia incluído.

Jefferson estava profundamente insatisfeito com as mudanças feitas pelo Congresso, referindo-se a elas como "mutilações". Estava tão frustrado que fez várias cópias limpas de sua própria versão para mostrar aos amigos, pedindo-lhes para julgar por si próprios qual dos dois textos era melhor: o seu ou o do Congresso.

Thomas Jefferson ressentiu-se das alterações feitas pelo Congresso na sua versão da Declaração. Contudo, poucas mudanças foram introduzidas na primeira metade do texto, seção que é a mais conhecida atualmente.

A Declaração de Independência

Quer seja o trabalho de um homem, quer de um comitê, a Declaração chama a atenção como uma obra-prima de prosa escrita e é lembrada tanto por sua importância histórica quanto por seu hábil uso da retórica.

O texto nem uma vez cita o Parlamento, o que é surpreendente, porque a disputa com a Grã-Bretanha questionava os direitos que o Parlamento tinha de legislar pelas colônias. Em vez disso, volta-se para as relações com o monarca. Isso aumenta o tom dramático do documento e contribui para a atmosfera de aplicabilidade universal; ao não mencionar disputas parlamentares, Jefferson claramente lança a proposta americana de liberdade no contexto de uma tendência mundial de rejeitar a centralização do poder em monarquias hereditárias. Além disso, a Declaração não reivindica os direitos que deveriam caber aos norte-americanos como cidadãos ingleses, o que tinha sido a fundamentação de apresentações anteriores à Grã-Bretanha — essa diferença reforça o pleito de independência.

A Declaração de Independência tem cinco partes: uma introdução (o primeiro parágrafo); um preâmbulo (a seção mais conhecida); o corpo principal, dividido em dois: uma lista de agravos e uma descrição das tentativas de solução (conhecida como a seção dos irmãos britânicos); e uma conclusão.

> Quando, no Curso dos acontecimentos humanos, torna-se necessário a um povo dissolver os laços políticos que o ligam a outro e assumir, entre os poderes da Terra, situação independente e igual a que lhe dão direito as Leis da Natureza e de Deus, o correto respeito às opiniões dos homens exige que se declarem as causas que o levam a essa separação.

A introdução está escrita em termos bem gerais, de modo a poder ser aplicada à situação de quase todos os povos oprimidos. Põe o conflito no contexto da história mundial, elevando o que poderia ser interpretado como uma disputa colonial a uma questão de princípio, representada no palco mundial. Além disso, classifica os americanos como "um povo", deixando claro que não se trata de discutir uma guerra civil, mas sim um conflito entre duas nações separadas.

> Consideramos estas verdades evidentes por si mesmas, que todos os homens são criados iguais, que são dotados pelo Criador de certos Direitos inalienáveis, que entre estes estão a Vida, a Liberdade e a busca da Felicidade. — Que para garantir esses direitos são instituídos entre os Homens Governos que derivam os seus justos poderes do consentimento dos governados; Que toda vez que uma Forma qualquer de Governo ameace destruir esses fins, cabe ao Povo o Direito de alterá-la ou aboli-la e instituir um novo Governo, assentando sua fundação sobre tais princípios e organizando-lhe os poderes da forma que pareça mais provável de proporcionar Segurança e Felicidade.

O preâmbulo — ou pelo menos a primeira metade dele — é a seção mais famosa da Declaração de Independência. Jefferson apresentou um resumo surpreendentemente conciso e elegante dos princípios iluministas de governo. Mas ao mesmo tempo estabeleceu também o direito de revolução, fato pouco mencionado hoje em dia.

Ele expressa ideais políticos, em vez de realidades sociais. Nem mulheres nem negros eram partícipes dos "direitos inalienáveis" desse manifesto. Na sociedade colonial altamente estratificada, nem mesmo os católicos tinham direito a voto, embora pudessem possuir terras. Mas os termos expressos por Jefferson na Declaração eram parte do discurso político da época, e todas as pessoas, de todos os estratos da sociedade, aceitaram-nos como tal.

Jefferson termina o preâmbulo afirmando que "a história do atual Rei da Grã-Bretanha é uma história de repetidas injúrias e usurpações... Para provar isso, permitam-nos submeter os Fatos a um mundo franco."

Esses fatos são apresentados na lista de agravos que se segue. Há um total de 28 agravos, organizados não em ordem cronológica, mas temática: os de 1 a 12 referem-se aos abusos do poder executivo, como a suspensão das leis coloniais e o estabelecimento de um exército permanente em tempos de paz; os de 13 a 22 listam medidas inconstitucionais, como a tributação injusta ou as restrições comerciais; de 23 a 27 referem-se à declaração de guerra; e o agravo final acusa o rei de não responder às petições que lhe foram submetidas.

Com uma única exceção, todas as acusações começam com as palavras "*He has*"; a exceção começa com "*He is*".*
Embora esteja claro de quem são os erros, as acusações são formuladas em linguagem ambígua, tornando-as difíceis de refutar — qualquer defensor da Grã-Bretanha teria, primeiro, de definir a acusação antes de refutá-la, ou seja, admitir a culpa antes de declarar inocência.

Além disso, à medida que as acusações prosseguem, a linguagem torna-se mais evocativa. Começando com uma apresentação impessoal dos "fatos", o texto faz uma transição gradual para um tom emocional que convida o leitor a identificar-se com os colonos americanos — sempre referidos na primeira pessoa do plural como "nós", em oposição ao rei. Contraste o primeiro dos agravos — "Ele recusou Assentimento para Leis as mais benéficas e necessárias ao bem público" — com estes:

* Na tradução, como se verá adiante, essa repetição se perde. (N.E.)

> Saqueou nossos mares, devastou nossas Costas, incendiou nossas cidades e destruiu a vida de nosso povo.
>
> Está, agora mesmo, transportando grandes Exércitos de Mercenários estrangeiros para completar a obra de morte, desolação e tirania já iniciada em circunstâncias de Crueldade e perfídia raramente igualadas nas eras mais bárbaras e totalmente indignas do Chefe de uma nação civilizada.

Essa linguagem inflamada, quase bíblica em sua formulação, destinava-se a atrair o leitor. Foi composta não apenas para converter qualquer americano ainda não comprometido com a revolução, mas para mudar a opinião estrangeira em favor da causa americana.

> E não deixamos de chamar a atenção de nossos irmãos britânicos. De tempos em tempos, nós os advertimos sobre as tentativas de seu Legislativo de estender sobre nós uma jurisdição insustentável. Lembramos-lhes as circunstâncias de nossa emigração e de nosso estabelecimento aqui. Apelamos para sua justiça e magnanimidade inatas e os conclamamos, pelos laços de nosso parentesco, a repudiar essas usurpações, que inevitavelmente romperiam nossos vínculos e nossas relações. Permaneceram também surdos à voz da justiça e da consangüinidade. Temos, portanto, de aceder à necessidade de anunciar a nossa Separação e considerá-los, como consideramos todos os outros seres humanos, Inimigos na Guerra e Amigos na Paz.

Esse parágrafo, algumas vezes denominado seção dos "irmãos britânicos", descreve as formas pelas quais os colonos procuraram corrigir a situação pacificamente. Utiliza palavras curtas e aliteração, em contraste com o restante do documento, personalizando ainda mais o discurso. O parágrafo original de Jefferson era mais de duas vezes maior, porém a versão concisa do Congresso ganha força e apelo direto.

Finalmente, na conclusão, a Declaração completa o círculo. Retorna à linguagem formal e discursiva do começo. Nas poucas primeiras palavras, refere-se à necessidade de "dissolver os laços políticos" que ligam um povo a outro — e na conclusão o faz enfaticamente, declarando "que todo vínculo político entre elas (as colônias) e a Grã-Bretanha seja, e deva ser, totalmente dissolvido". Segue afirmando os direitos que pertencem às nações, de comércio independente e de formar alianças, antes de retornar a uma sentença que restabelece a natureza pessoal do apelo: "E em apoio a esta Declaração, com a firme confiança na proteção da Providência divina, empenhamos mutuamente nossa Vida, nossa Fortuna e nossa Honra Sagrada."

A impressão de Dunlap

Depois que o texto obteve a aceitação do Congresso em 4 de julho, a versão manuscrita foi assinada por John Hancock, presidente do Congresso Continental, e testemunhada por Charles Thomson, secretário da Casa. Isso foi feito apesar de o documento ter sido ratificado apenas por 12 das 13 colônias; os delegados de Nova York não tinham recebido ainda a aprovação da sua própria assembléia para votar a favor da independência.

A responsabilidade final do comitê de redação foi providenciar a impressão e a distribuição do documento. Os membros do comitê procuraram John Dunlap, um dos principais impressores da Filadélfia. Nascido na Irlanda, Dunlap chegara à Filadélfia aos dez anos, como aprendiz de seu tio, que possuía uma gráfica. Aos 21 anos, montou a própria empresa. Em 1778, tornou-se o impressor oficial do Congresso Continental, imprimindo minutas da Constituição para uso da Convenção. Posteriormente, imprimiria o primeiro jornal diário na América, o *Pennsylvania Packet*.

Durante a noite de 4 de julho, Dunlap imprimiu entre 200 e 500 cópias da Declaração, em uma versão que veio a ser conhecida como a *Dunlap Broadside*. Essas cópias foram entregues aos membros do Congresso Continental

A *Dunlap Broadside* foi impressa por ordem de John Hancock depois que o texto da Declaração foi aprovado pelo Congresso. Diferentemente da cópia manuscrita assinada, ela não é encabeçada por ; "A declaração unânime...", já que os delegados de Nova York se abstiveram de votar, ainda aguardando instruções da assembléia estadual. Essa versão ostenta apenas os nomes de John Hancock, presidente do Congresso, e de Charles Thomson, seu secretário, como apropriado a uma proclamação oficial do Congresso.

IN CONGRESS, JULY 4, 1776.
A DECLARATION
BY THE REPRESENTATIVES OF THE
UNITED STATES OF AMERICA,
IN GENERAL CONGRESS ASSEMBLED.

JOHN HANCOCK, PRESIDENT.

CHARLES THOMSON, SECRETARY.

para serem distribuídas nos respectivos estados, bem como aos comandantes das tropas do Exército Continental. Uma cópia foi também despachada para Jorge III.

Hoje existem apenas 25 exemplares dessa primeira impressão. A maioria é mantida em arquivos e bibliotecas, mas cinco estão em coleções particulares. A última cópia a ser leiloada foi vendida por 8,14 milhões de dólares em 2000.

Os signatários

Foi uma atitude corajosa assinar a Declaração de Independência. Assinar era, essencialmente, um ato de traição, e os signatários estariam arriscando suas vidas se a causa da independência falhasse. Uma vez firmado o documento, foi decidido que os nomes dos subscritores não viriam a público por seis meses, por razões de segurança. Assim, uma versão oficial da Declaração de Independência completa, com os nomes dos 56 signatários, só foi posta em circulação em janeiro de 1777. Essa versão, conhecida como *Goddard Broadside*, foi impressa na Filadélfia por Mary Katharine Goddard, e somente nove cópias subsistem. A *Goddard Broadside* marcou

o momento em que, pela primeira vez, os nomes dos signatários vieram a público.

Contrariamente à atual crença popular, a Declaração não foi assinada em 4 de julho de 1776. Uma razão para o adiamento da assinatura foi que a Declaração só alcançou unanimidade em 19 de julho, quando Nova York finalmente autorizou seus delegados a aprovarem a independência. A aprovação foi unânime considerando-se as delegações dos estados, não os delegados individualmente; houve algumas abstenções ou até mesmo votos contrários. Posteriormente, alguns desses representantes ainda assinaram, como George Reed, de Delaware (que votou contra), e Robert Morris, da Pensilvânia (que se absteve).

A Declaração de Independência foi assinada no Salão da Assembléia da Câmara Estadual da Pensilvânia, hoje conhecida como Independence Hall. A maioria dos signatários pôde participar da reunião em 2 de agosto de 1776, deixando-se espaço para que os que não puderam comparecer assinassem depois.

Apenas depois de o resultado da votação ter sido unânime, o Congresso ordenou que fosse preparada uma cópia manuscrita para assinatura, encabeçada pelas palavras: "A declaração unânime dos treze Estados Unidos da América." A "cópia manuscrita" refere-se ao documento oficial, em caligrafia sobre pergaminho. Essa versão foi provavelmente caligrafada por Thomas Matlack, da Pensilvânia, um assistente de Charles Thomson que havia anteriormente caligrafado a nomeação de George Washington como general da Armada Continental. Reconhecendo o significado histórico do documento, consultaram-se escribas da Torá na América para verificar que tipo de tinta seria mais duradouro. Matlack demorou até o dia 2 de agosto para terminar o trabalho.

A maioria dos signatários reuniu-se em 2 de agosto, no Salão da Assembléia da Câmara Estadual da Pensil-

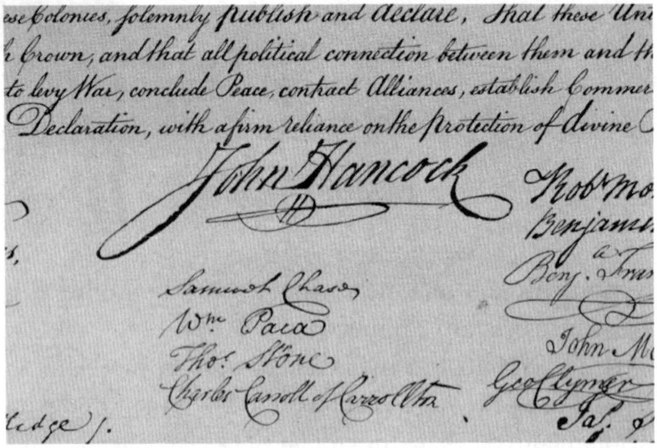

Como presidente do Congresso Continental, John Hancock foi o primeiro a assinar a Declaração de Independência, e sua assinatura característica e elegante é até hoje imediatamente reconhecida.

vânia. John Hancock, como presidente do Congresso, foi o primeiro a assinar — uma assinatura corajosa, centrada abaixo do texto. Diz-se que Hancock fez a assinatura em letras grandes como um desafio — Jorge III enxergava muito mal e Hancock gracejou dizendo que seu nome estava agora grande o suficiente para ser visto pelo rei, mesmo sem os óculos de leitura. Quando Hancock assinou, disse: "Não pode haver divergências agora. Devemos todos permanecer juntos." E Benjamin Franklin respondeu com humor: "Sim, devemos permanecer juntos, ou certamente seremos todos enforcados separadamente."

Seguiram-se então os outros membros do Congresso, por ordem dos estados, com New Hampshire (o mais setentrional) encabeçando a lista do lado direito; a Geórgia (o mais meridional) no fim, do lado esquerdo. Deixou-se espaço para a assinatura dos membros do Congresso que não puderam comparecer à reunião (embora não tivesse sobrado espaço para Matthew Thorthon, de New Hampshire, que teve de fazê-lo em outro lugar). Os delegados tiveram várias razões para faltar à cerimônia de 2 de agosto: por exemplo, Oliver Wolcott, de Connecticut, e Thomas McKean, de Delaware, estavam com o exército.

Benjamin Franklin é visto assinando a Declaração de Independência nesse painel em alto-relevo, um dos quatro que adornam o pedestal da estátua de Franklin no Old City Hall de Boston.

Alguns delegados do Congresso Continental nunca assinaram o documento. Por exemplo, Robert R. Livingston, de Nova York, apesar de estar no comitê de redação, não assinou, por acreditar que a Declaração estava sendo publicada muito prematuramente. John Dickinson, da Pensilvânia — respeitado como um dos autores da Declaração das Causas e da Necessidade de Empunhar Armas —, mantinha, contudo, a esperança de reconciliação; sob sua instigação a fútil Petição Olive Branch tinha sido remetida a Jorge III. Apesar de suas profundas reservas, Dickinson alistou-se com George Washington como soldado, sendo promovido até tornar-se general-de-brigada da milícia da Pensilvânia.

Os signatários formavam um grupo de alto nível, profundamente comprometidos com o serviço público. Na época da assinatura eram, em geral, bem jovens, com idade média de apenas 45 anos, logo com muitos anos de vida ainda pela frente. Benjamin Franklin era o mais velho, com 70 anos; o mais jovem, Thomas Lynch, tinha apenas 27 anos.

Muitos participaram da política nacional. Thomas Jefferson, John Adams e Elbridge Gerry vieram a ser vice-presidentes, sendo que os dois primeiros tornaram-se também presidentes dos Estados Unidos. Seis signatários — Roger Sherman, Robert Morris, Benjamin Franklin, George Clymer, James Wilson e George Reed — também assinaram a Constituição dos Estados Unidos (Elbridge Gerry compareceu à convenção federal, mas recusou-se a assinar a Constituição). Sete entraram para a Câmara de Representantes e seis foram senadores. James Wilson e Samuel Chase tornaram-se juízes da Suprema Corte dos Estados Unidos. No nível estadual, 15 signatários participaram de assembléias constituintes estaduais, 13 tornaram-se governadores, 18 cumpriram mandatos no legislativo estadual e 16 chegaram a juízes federais e/ou estaduais.

Charles Carroll of Carrollton, de Maryland, um dos signatários da Declaração de Independência, tinha a reputação de ser o homem mais rico das colônias norte-americanas.

Todos eram membros da elite americana, profissionais e proprietários de terras — Charles Carroll, de Maryland, tinha a reputação de ser o homem mais rico da América —, e muitos tinham alto nível de instrução. Sete haviam estudado em Harvard, quatro em Yale, quatro em William & Mary e três em Princeton. George Wythe, que lecionava em William & Mary, havia sido um dos professores de direito de Thomas Jefferson. Cinco signatários ajudaram a fundar instituições de ensino superior: Benjamin Franklin fundou a Universidade da Pensilvânia; Thomas Jefferson, a Universidade da Virgínia; Benjamin Rush, a Faculdade de Dickinson; Lewis Morris, a Universidade de Nova York; e George Walton, a Universidade da Geórgia.

Dezessete signatários arriscaram suas vidas não apenas como signatários, mas juntando-se ao Exército Continental. Cinco foram capturados pelos ingleses durante a guerra, e nove morreram no conflito. Outros, e suas famílias, foram alvo das forças britânicas. Thomas McKean, de Delaware, escreveu que foi "caçado como uma raposa" durante a guerra. Doze signatários perderam casas e propriedades, saqueadas durante o confronto.

NO CONGRESSO, 4 de julho de 1776.

DECLARAÇÃO UNÂNIME DOS TREZE ESTADOS UNIDOS DA AMÉRICA,

Quando, no Curso dos acontecimentos humanos, torna-se necessário a um povo dissolver os laços políticos que o ligam a outro e assumir, entre os poderes da Terra, situação independente e igual a que lhe dão direito as Leis da Natureza e de Deus, o correto respeito às opiniões dos homens exige que se declarem as causas que o levam a essa separação.

Consideramos estas verdades evidentes por si mesmas, que todos os homens são criados iguais, que são dotados pelo Criador de certos Direitos inalienáveis, que entre estes estão a Vida, a Liberdade e a busca da Felicidade. — Que para garantir esses direitos são instituídos entre os Homens Governos que derivam os seus justos poderes do consentimento dos governados; Que toda vez que uma Forma qualquer de Governo ameace destruir esses fins, cabe ao Povo o Direito de alterá-la ou aboli-la e instituir um novo Governo, assentando sua fundação sobre tais princípios e organizando-lhe os poderes da forma que pareça mais provável de proporcionar Segurança e Felicidade. A Prudência, na verdade, aconselha que não se mudem, por motivos superficiais e passageiros, os Governos há muito constituídos; e, da mesma forma, a experiência mostra que os seres humanos estão mais dispostos a sofrer enquanto os males são suportáveis do que a buscar justiça abolindo as formas a que se acostumaram. Mas quando uma longa série de abusos e usurpações perseguindo invariavelmente o mesmo Objeto revela um propósito de submetê-los ao Despotismo absoluto, cabe-lhes o direito e o dever de destituir tais Governos e instituir novos Guardiões para a sua futura segurança. – Essa tem sido a paciente resignação destas Colônias e esta é agora a necessidade que as força a alterar os Sistemas de Governo anteriores. A história do atual Rei da Grã-Bretanha é uma história de repetidas injúrias e usurpações, tendo todas o objetivo direto de estabelecer uma Tirania absoluta sobre estes Estados. Para provar isso, permitam-nos submeter os Fatos a um mundo franco.

Ele recusou Assentimento para Leis as mais benéficas e necessárias ao bem público.

Proibiu aos Governadores sancionar Leis de importância imediata e urgente ou impediu que elas fossem aplicadas até que obtivessem sua Aprovação; mas quando essas Leis eram assim sustadas, deixava-as inteiramente de lado sem lhes dar qualquer atenção.

Recusou-se a aprovar outras Leis para atender às necessidades de distritos populosos, a menos que as pessoas desistissem do direito à Representação no Legislativo, direito este inestimável para elas e temível apenas para os tiranos.

Convocou os corpos legislativos a lugares pouco comuns, desconfortáveis e distantes dos locais em que se encontram os Arquivos públicos, com o único propósito de conseguir, pelo cansaço, a aceitação das medidas que lhe conviessem.

Dissolveu sucessivamente as Câmaras de Representantes por se oporem com firmeza inquebrantável à violação dos direitos do povo.

Recusou-se, por longo tempo, depois de tais dissoluções, a permitir que outros fossem eleitos; em virtude do que os poderes Legislativos, não podendo sofrer Anulação, passaram a ser exercidos pelo Povo em geral, ficando o Estado durante esse tempo exposto a todos os perigos de invasão externa ou de agitações internas.

Tentou impedir a expansão populacional destes Estados, obstruindo, para esse fim, as Leis de Naturalização de Estrangeiros, recusando-se a aprovar outras que estimulassem as imigrações para cá e tornando complexas as condições para novas Aquisições de Terra.

Levou a Administração da Justiça à obstrução total, recusando sua Aprovação a Leis que estabeleciam poderes Judiciários.

Subjugou os Juízes inteiramente à sua Vontade, tanto em relação ao exercício de suas funções como em relação ao estabelecimento do valor e do pagamento de seus salários.

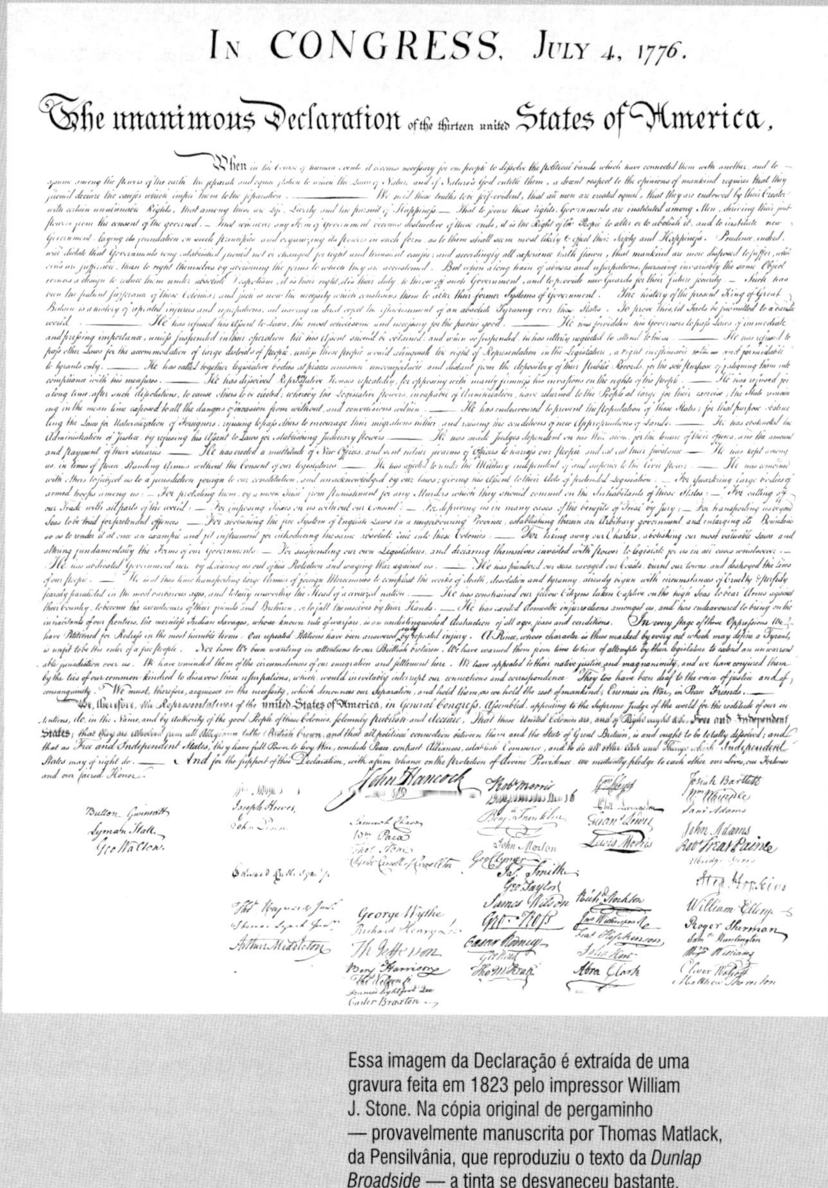

Essa imagem da Declaração é extraída de uma gravura feita em 1823 pelo impressor William J. Stone. Na cópia original de pergaminho — provavelmente manuscrita por Thomas Matlack, da Pensilvânia, que reproduziu o texto da *Dunlap Broadside* — a tinta se desvaneceu bastante.

Criou uma infinidade de Novos Cargos para os quais enviou um número excessivo de Funcionários, a fim de atormentar o nosso povo e devorar-lhe a sustância.

Manteve entre nós, em tempo de paz, Exércitos Permanentes sem o Consentimento dos nossos corpos legislativos.

Tornou a Força Militar independente do poder Civil e a ele superior.

Juntou-se a outros para nos sujeitar a uma jurisdição em desacordo com nossa Constituição e não reconhecida pelas nossas leis; dando sua Aprovação a Leis de falsa Legislação:

Para acantonar entre nós numerosas tropas armadas;

Para protegê-las, por meio de Julgamentos simulados, da punição por qualquer Assassinato que viessem a cometer nestes Estados;

Para impedir nosso Comércio com todas as partes do mundo;

Para cobrar Impostos sem o nosso Consentimento;

Para privar-nos, em muitos casos, dos benefícios do Julgamento de um Júri;

Para transportar-nos para Além-Mar para julgamento por pretensas ofensas;

Para abolir o Sistema de Leis inglesas livres, em Província vizinha, estabelecendo nela um governo Arbitrário e ampliando-lhe os Limites, de modo a torná-lo, de imediato, um exemplo e instrumento adequado para a introdução do mesmo domínio absoluto sobre estas Colônias;

Para privar-nos das nossas Constituições, abolindo nossas Leis inestimáveis e alterando fundamentalmente nossas Formas de Governo;

Para suspender os nossos Corpos Legislativos, declarando-se investido do poder de legislar por nós em toda e qualquer circunstância.

Ele abdicou do Governo aqui, decretando-nos fora de sua Proteção e declarando guerra contra nós.

Saqueou nossos mares, devastou nossas Costas, incendiou nossas cidades e destruiu a vida de nosso povo.

Está, agora mesmo, transportando grandes Exércitos de Mercenários estrangeiros para completar a obra de morte, desolação e tirania já iniciada em circunstâncias de Crueldade e perfídia raramente igualadas nas eras mais bárbaras e totalmente indignas do Chefe de uma nação civilizada.

Obrigou os nossos Concidadãos Aprisionados em Alto-Mar a empunhar Armas contra a própria Pátria, para que se tornassem algozes de amigos e Irmãos ou para que caíssem pelas Mãos daqueles.

Provocou insurreições domésticas entre nós e procurou instigar os Índios Selvagens e impiedosos, cuja regra de guerra é a destruição sem distinção de idade, sexo e condição de existência, contra os habitantes de nossas fronteiras;

Em cada uma dessas situações de Opressão, fizemos Apelos formais de Reparação nos termos mais humildes; nossas repetidas Petições foram respondidas apenas por repetidos danos. Um Príncipe cujo caráter é assim marcado por cada uma das ações que definem um Tirano não está em condições de governar um povo livre.

E não deixamos de chamar a atenção de nossos irmãos britânicos. De tempos em tempos, nós os advertimos sobre as tentativas de seu Legislativo de estender sobre nós uma jurisdição insustentável. Lembramos-lhes as circunstâncias de nossa emigração e de nosso estabelecimento aqui. Apelamos para sua justiça e magnanimidade inatas e os conclamamos, pelos laços de nosso parentesco, a repudiar essas usurpações, que inevitavelmente romperiam nossos vínculos e nossas relações. Permaneceram também surdos à voz da justiça e da consangüinidade. Temos, portanto, de aceder à necessidade de anunciar a nossa Separação e considerá-los, como consideramos todos os outros seres humanos, Inimigos na Guerra e Amigos na Paz.

Nós, por conseguinte, representantes dos Estados Unidos da América, reunidos em Congresso Geral, apelando para o Juiz Supremo do mundo pela retidão de nossas intenções, em Nome e por Autoridade do bom Povo destas Colônias, publicamos e declaramos solenemente: Que estas Colônias Unidas são, e por Direito devem ser, Estados Livres e Independentes; que estão Desobrigadas de qualquer Lealdade à Coroa Britânica, e que todo vínculo político entre elas e a Grã-Bretanha seja, e deva ser, totalmente dissolvido; e que, como Estados Livres e Independentes, têm total Poder de declarar Guerra, concluir a Paz, fazer Alianças, estabelecer o Comércio e tomar todas as outras Medidas a que têm direito Estados Independentes. E em apoio a esta Declaração, com a firme confiança na proteção da Providência divina, empenhamos mutuamente nossa Vida, nossa Fortuna e nossa Honra Sagrada.

Essa litografia decorativa reproduzindo os retratos dos autores e signatários da Declaração de Independência, acompanhados de suas assinaturas, foi feita em 1874, uma época em que o documento voltou a ser venerado nos Estados Unidos.

As 56 assinaturas na Declaração aparecem nesta seqüência:

Sagrada.

COLUNA 1

Geórgia:
Button Gwinnett
Lyman Hall
George Walton

COLUNA 2

Carolina do Norte:
William Hooper
Joseph Hewes
John Penn

Carolina do Sul:
Edward Rutledge
Thomas Heyward, Jr.
Thomas Lynch, Jr.
Arthur Middleton

COLUNA 3

Massachusetts:
John Hancock

Maryland:
Samuel Chase
William Paca
Thomas Stone
Charles Carroll of Carrollton

Virgínia:
George Wythe
Richard Henry Lee
Thomas Jefferson
Benjamin Harrison
Thomas Nelson, Jr.
Francis Lightfoot Lee
Carter Braxton

COLUNA 4

Pensilvânia:
Robert Morris
Benjamin Rush
Benjamin Franklin
John Morton
George Clymer
James Smith
George Taylor
James Wilson
George Ross

Delaware:
Caesar Rodney
George Read
Thomas McKean

COLUNA 5

Nova York:
William Floyd
Philip Livingston
Francis Lewis
Lewis Morris

Nova Jersey:
Richard Stockton
John Witherspoon
Francis Hopkinson
John Hart
Abraham Clark

COLUNA 6

New Hampshire:
Josiah Bartlett
William Whipple

Massachusetts:
Samuel Adams
John Adams
Robert Treat Paine
Elbridge Gerry

Rhode Island:
Stephen Hopkins
William Ellery

Connecticut:
Roger Sherman
Samuel Huntington
William Williams
Oliver Wolcott

New Hampshire:
Matthew Thornton

MANIFESTO

A DECLARAÇÃO DE INDEPENDÊNCIA **IMPACTO IMEDIATO**

Estou bem consciente da Luta, do Sangue e da Fortuna que nos custará manter esta Declaração, apoiar e defender estes Estados. Ainda assim, através de toda a Névoa, vejo os promissores Raios de Luz e Glória. Vejo que o Fim vale mais do que todos os Meios. E que a Posteridade sairá triunfante das Negociações destes Dias.

JOHN ADAMS A SUA MULHER, Abigail, em 2 de julho de 1776

Atendendo à solicitação de John Hancock, George Washington providenciou a leitura do texto da Declaração de Independência para suas tropas em Nova York de modo que pudesse ser ouvido pelo exército britânico.

Logo que as cópias da *Dunlap Broadside* foram impressas, elas foram despachadas para todas as colônias, dirigidas a políticos proeminentes e líderes comunitários e religiosos. John Hancock, como presidente do Congresso Continental, anexou uma carta a cada destinatário, "para solicitar que a proclame em sua Colônia da forma que considerar mais apropriada". Além disso, foram enviadas cópias a George Washington para serem lidas aos homens que serviam no Exército Continental.

O objetivo não era somente espalhar as notícias, mas também inspirar e motivar os americanos em todas as colônias a apoiar o esforço de guerra. Em particular, Washington e outros políticos tinham a esperança de que o anúncio da Declaração de Independência estimulasse mais homens a se alistarem no exército. Agora que as relações entre os dois países tinham sido claramente definidas como as de duas nações em guerra, o alistamento não era mais um ato de traição contra o governo britânico. Enquanto os britânicos tinham um exército profissional e podiam convocar 50 mil soldados, bem como contratar mercenários alemães, os americanos contavam somente com cinco mil homens, com pouca ou nenhuma experiência de guerra, apoiados por pequenas milícias estaduais.

Comemoração pública

A notícia da independência — e da Declaração de Independência — espalhou-se rapidamente. O primeiro jornal a publicá-la foi o *Pennsylvania Evening Post* de 6 de julho. Outros jornais e publicações fizeram o mesmo logo em seguida: no fim de julho o documento havia sido impresso na íntegra em mais de 30 jornais. Foi até mesmo traduzido para o alemão, para ser impresso no jornal de língua alemã da Pensilvânia (essa tradução foi também a primeira a aparecer na imprensa alemã, na Europa). Alguns jornais publicaram fragmentos inseridos em um texto principal. Outros o fizeram na íntegra, em página inteira, criando um pôster que poderia ser exposto publicamente.

Autoridades estaduais concordaram que a melhor maneira de espalhar as notícias era por meio de leituras públicas da Declaração. As primeiras foram realizadas em 8 de julho, nas cidades de Filadélfia e Easton, na Pensilvânia, e também em Trenton (Nova Jersey). Em 9 de julho, George Washington ordenou que fossem feitas leituras para as tropas na cidade de Nova York de modo que pudessem ser ouvidas pelo exército britânico. As leituras públicas continuaram acontecendo até agosto, à medida que a Declaração chegava a todas as colônias e ao interior do país. E o texto era apropriado para a leitura oral: Jefferson parece ter tido isso em mente quando o

O primeiro centenário americano, em 1876, foi comemorado com leituras da Declaração de Independência por todo o país. As festividades representadas nessa figura ocorreram em Minnesota.

compôs. Uma das suas versões é marcada com indicações, como se destinada a um orador.

As leituras públicas eram invariavelmente acompanhadas por grandes festividades, incluindo paradas, concertos, tiros de canhões e de mosquetes e até fogos de artifício. Como foi relatado pelo *Virginia Gazette*: "A declaração e outros documentos foram recebidos com aclamações ruidosas." Multidões entusiasmadas destruíram imagens associadas à Inglaterra, tais como retratos do rei Jorge III ou bandeiras inglesas. Em Nova York, uma grande estátua de Jorge III montado em um cavalo foi destruída pela multidão e seu chumbo derretido para fazer balas.

Não havia nenhuma dúvida de que a independência era um assunto para comemorações. Em 2 de julho de 1776, John Adams escreveu a sua mulher, Abigail, sugerindo que o dia em que o Congresso declarou a independência seria comemorado para sempre:

> Eu acredito que será celebrado por Gerações sucessivas, como o grande Festival de aniversário. Deve ser comemorado, como o Dia da Libertação, por Atos solenes de Devoção a Deus Todo-Poderoso. Deverá ser celebrado com Pompa e Parada, com Shows, Jogos, Esportes, Tiros, Sinos, Fogueiras e Iluminação de uma Ponta a outra deste Continente a partir de agora e para sempre.

Mas Adams acreditava que a data memorável era 2 de julho, o dia no qual o Congresso votou a favor da inde-

John Adams, durante toda a vida, defendeu as celebrações em 2 de julho (dia em que a independência foi declarada) e não em 4 de julho (dia em que o texto da Declaração foi ratificado).

pendência, e não 4 de julho, no qual o texto da Declaração foi aprovado. Até já em idade bem avançada ele manteve essa opinião, muitas vezes recusando convites para aparecer nos eventos de 4 de julho, porque acreditava que as celebrações estavam sendo realizadas no dia errado.

No ano seguinte, a Filadélfia realizou a primeira comemoração da independência americana, em 4 de julho, data da aprovação da Declaração pelo Congresso. Muito ocupado com a guerra, o Congresso não fizera planos para celebrar o aniversário. Na verdade, foi somente no dia 2 de julho que os membros do Congresso ressaltaram a importância do dia, quando já era tarde demais para organizar qualquer festividade.

Logo, foi por acaso que as primeiras celebrações da independência da América se realizaram em 4 de julho. No ano seguinte, contudo, a celebração de 4 de julho já estava consolidada. Naquele dia, em 1778, George Washington distribuiu ração dupla de rum para todos os soldados a fim de marcar a ocasião. John Adams e Benjamin Franklin promoveram um jantar em Paris para americanos expatriados. Em 1781, Massachusetts tornou-se o primeiro estado a transformar a data em feriado estadual oficial. A comemoração só veio a ser declarada feriado nacional em 1941.

Ao longo dos anos, à medida que o Dia da Independência passou a ser festejado por todo o país, o 4 de julho deixou de ser uma comemoração da Declaração de Independência e passou a ser a celebração da própria independência. Leituras públicas não eram realizadas nas comemorações iniciais de aniversário, nas quais eram comuns paradas, discursos e brindes. A tradição de ler para o público a Declaração de Independência em 4 de julho só começou depois da Guerra de 1812, quando as celebrações anuais com fogos de artifício e muita pompa tornaram-se comuns.

Em meados do século XIX, as celebrações do 4 de julho tinham se tornado bastante luxuosas, como é visto aqui, quando autoridades do governo local celebraram o Dia da Independência no Faneuil Hall em Boston, Massachusetts, em 1853.

Salvaguardando a Declaração

Enquanto o Congresso viajava em busca de abrigo seguro em meio à guerra, o documento manuscrito da Declaração de Independência seguia junto. O exército americano não se saiu bem no curso inicial dos conflitos, e o Congresso foi forçado a se transferir da Filadélfia para Baltimore em dezembro de 1776. Apesar de ter retornado à Filadélfia em março de 1777, não pôde permanecer lá por muito tempo, pois os britânicos começaram a avançar sobre a cidade no verão, ocupando-a em 26 de setembro. O Congresso mudou-se novamente — para Lancaster, Pensilvânia, por um dia, em 25 de setembro, e posteriormente para York, também na Pensilvânia, onde permaneceu de 27 de setembro de 1777 a junho do ano seguinte.

Nesse ínterim, em outubro de 1777, o exército britânico sofreu sua maior derrota no norte: o general Burgoyne rendeu-se com todo o seu exército em Saratoga. O governo britânico, apreensivo com o rumo que a guerra estava tomando, fez uma oferta aos americanos: um retorno ao *status quo* de 1763, significando posição colonial autônoma, sem qualquer tributação aplicada pela Grã-Bretanha, rescisão de qualquer medida prejudicial ao comércio e suspensão do exército permanente.

As tropas britânicas do general John Burgoyne, mal equipadas e com pequeno contingente, não conseguiram opor-se à rigorosa resistência americana e renderam-se em Saratoga, Nova York, em outubro de 1777. Isso representou um sério revés para os britânicos.

Benjamin Franklin, embaixador americano em Paris, não tinha qualquer intenção de aceitar a oferta britânica, uma vez que estava inteiramente comprometido com o objetivo da independência total. Entretanto, não hesitou em usar a proposta britânica como alavanca para atrair os franceses para o lado americano. Preocupado com a possibilidade de que a nova aliança com a América revitalizasse os rivais britânicos, o governo francês finalmente oficializou a oferta de apoio. Em 6 de fevereiro de 1778, Franklin assinou dois tratados com o governo de Luís XVI: um tratado comercial e uma aliança militar (na verdade, essa seria a única aliança militar que os Estados Unidos assinariam até o pacto da Otan, em 1949). Dessa forma, a Declaração de Independência obteve um de seus objetivos: "fazer Alianças, estabelecer o Comércio e tomar todas as outras Medidas a que têm direito Estados Independentes."

Os dois tratados mudaram radicalmente o curso da guerra. Com a França ao seu lado, os Estados Unidos passaram a receber apoio da Espanha e, logo em seguida, a Holanda e a Rússia também se envolveram no conflito distante. O teatro de guerra agora se estendia ao leste até a Índia, ao norte até o Canadá e ao sul até o Caribe, deixando a Grã-Bretanha diplomaticamente isolada e militarmente sobrecarregada.

Na primavera de 1778, as forças britânicas abandonaram a Filadélfia na tentativa de reagrupar-se em Nova

O Congresso foi forçado a fugir de sua sede na Câmara Estadual da Pensilvânia, na Filadélfia, quando a luta chegou muito próximo e deixou de haver segurança. A Declaração de Independência foi levada com o governo de um abrigo a outro.

York, e o Congresso pôde então retornar à cidade, junto com a Declaração de Independência. Lá, o documento permaneceu em segurança pelo resto da guerra. A última batalha da revolução em solo americano ocorreu em 10 de novembro de 1782.

O Tratado de Paris

Com o Tratado de Paris, assinado em setembro de 1783 e que oficialmente pôs fim à guerra com a Grã-Bretanha, a Declaração de Independência alcançou seu principal objetivo — a independência das colônias do domínio britânico. Embora o Congresso tivesse votado pela independência no dia 2 de julho de 1776 e, com a Declaração, anunciado essa decisão ao mundo, isso não significou realmente que as colônias norte-americanas já fossem independentes. Como o filósofo britânico Jeremy Bentham escreveu em seu hostil artigo "Uma pequena resenha da Declaraçao", em 1776: "Uma coisa é eles dizerem que os laços que os uniam a nós estão dissolvidos, outra é dissolvê-los; ... alcançar a independência não é tão fácil quanto declará-la." Somente após o tratado ter sido assinado com a Grã-Bretanha é que a independência foi oficialmente garantida e assim reconhecida por lei internacional.

Benjamin Franklin, John Adams e John Jay, de Nova York (este último um delegado em ambos os Congressos

Continentais, embora não tenha assinado a Declaração de Independência), foram os principais negociadores pelo lado americano. As discussões foram longas e árduas, especialmente porque a Grã-Bretanha, na época, assinava tratados simultaneamente com a França e a Espanha. Embora os estados norte-americanos tivessem prometido à França que não negociariam de forma independente e que submeteriam propostas para a aprovação de Paris, Franklin, Adams e Jay corajosamente decidiram negociar em separado, apesar da aliança. Apenas a questão da independência norte-americana não estava sujeita à contestação — todas as partes aceitavam-na como um fato acabado.

> Artigo 1:
> Sua Majestade Britânica reconhece os ditos Estados Unidos, a saber, New Hampshire, Baía de Massachusetts, Rhode Island e Providence Plantations, Connecticut, Nova York, Nova Jersey, Pensilvânia, Maryland, Virgínia, Carolina do Norte, Carolina do Sul e Geórgia como estados livres, soberanos e independentes, tratando-os como tais e, em seu nome, de seus herdeiros e sucessores, de agora em diante renuncia a todas as reivindicações de governo, propriedade e direitos territoriais sobre os mesmos e sobre qualquer parte deles.

O Tratado de Paris estabeleceu também as fronteiras dos Estados Unidos e definiu os territórios britânicos, franceses e espanhóis na América do Norte. Embora a nova república americana tivesse conquistado terras que se estendiam até o oeste do rio Mississipi, a maior parte do oeste e do sul foi concedida à Espanha, continuando a Grã-Bretanha com o Canadá, e a França com suas colônias caribenhas. O tratado também tinha cláusulas — impossíveis de se implementar na prática — relativas a dívidas de guerra e restituições: garantia não haver qualquer impedimento para a reclamação de dívidas de guerra, oferecia a restituição de bens confiscados dos súditos ingleses durante o conflito, recomendava ao Congresso requisitar aos estados a anulação de qualquer lei que legalizasse tais confiscos e procurava proteger os direitos e a segurança dos legalistas americanos.

O estabelecimento do governo

Durante a guerra, o governo tinha que continuar funcionando. A partir de maio de 1776, cada estado começou a esboçar sua própria constituição para preencher o vácuo deixado pela retirada da autoridade britânica, como o Congresso instruíra a fazer. Não foi um processo fácil. Embora a maioria dos estados tenha conseguido completar a tarefa no prazo de um ano a partir da Declaração de Independência, Massachusetts só conseguiu terminá-la em 1780 e Connecticut e Rhode Island promulgaram constituições que pouco diferiam de suas cartas coloniais originais.

Os direitos individuais foram considerados de importância fundamental pelos autores das constituições estaduais. Cada documento começou com algum tipo de Carta de Direitos, garantindo direitos individuais fundamentais. A Declaração de Direitos da Virgínia, que inspirou Jefferson quando escreveu a Declaração de Independência, foi um modelo para as declarações de muitos outros estados. O direito a voto foi também ampliado, com a representação dependendo, em geral, da população. No entanto, com poucas exceções, possuir terras era ainda considerado pré-requisito não apenas para votar, mas também para ocupar qualquer cargo público.

As constituições estaduais tiveram o cuidado de evitar a centralização do poder inerente ao sistema britânico de governo colonial. Os poderes do governador eleito, como chefe executivo do estado, foram limitados, enquanto aqueles das assembléias eleitas foram fortalecidos. Além disso, as assembléias geralmente apontavam o gabinete, corpo consultivo que trabalhava com o governador. A constituição da Pensilvânia, a mais radical das 13 novas constituições, aboliu completamente a posição de governador, passando a autoridade para um conselho eleito pela assembléia estadual (ela própria eleita). O sistema de controle recíproco entre os três poderes governamentais — o Executivo, o Legislativo e o Judiciário — foi fundamental para todas as novas constituições.

Os Artigos da Confederação

Embora o Congresso Continental tivesse atuado como um governo federal desde a época de sua formação, não tinha qualquer autoridade para fazê-lo e precisava criar uma base legal para sua existência e atividade. Comitês encarregados da redação dos Artigos da Confederação e da Declaração de Independência foram nomeados no mesmo dia. Depois de um longo debate, os Artigos da Confederação, redigidos por John Dickinson, mas com muitas emendas feitas pelo Congresso, foram aprovados em novembro de 1777 e submetidos aos estados para ratificação. Embora os estados tivessem retido grande parte da autonomia, incluindo todos os direitos de arrecadar impostos e administrar o seu próprio comércio, os Artigos só foram ratificados unanimemente em 1781, época em que suas limitações já eram evidentes.

Os estados eram então bem mais autônomos do que são hoje — na verdade, eram virtualmente países separados, cada um com seu documento de fundação, cultura e infraestrutura. Nesse contexto, o fato de terem conseguido uma unidade do ponto de vista filosófico, emocional e prático para declarar guerra contra a Grã-Bretanha foi uma grande realização. Mas definir formalmente a união sem passar por cima dos direitos de cada estado foi extremamente delicado, porque a idéia de uma união formal com poderes centralizados era execrada pelas colônias norte-americanas, já que elas lutaram para se libertar da opressão que acreditavam resultar exatamente da centralização do poder.

Os Artigos da Confederação, portanto, foram conservadores e moderados. De fato, simplesmente transferiram para o Congresso os poderes que antes pertenciam ao rei no que dizia respeito a relações internacionais, administração dos assuntos indígenas, estabelecimento de padrões de pesos e medidas, administração do serviço postal e emissão de moeda. Cabia aos estados decidir quantos delegados enviar ao Congresso, mas independente desse número, cada estado tinha apenas um voto; para aprovar qualquer lei era necessária a maioria de nove votos. Os membros do Congresso não recebiam vencimentos e eram proibidos de assumir qualquer cargo público remunerado; na verdade, tornar-se um representante no Congresso era um privilégio da elite com independência econômica.

John Dickinson escreveu o texto que se tornou a base dos Artigos da Confederação. Por muito tempo ativo na política americana, ele era um dos mais proeminentes políticos conservadores.

Significativamente — e de forma compreensível, considerando-se que a questão da taxação era a causa central da guerra em marcha —, o Congresso não era autorizado a cobrar impostos de caráter nacional. Logo, embora fosse autorizado a declarar guerra e administrar uma infra-estrutura nacional rudimentar, não detinha os meios oficiais para financiar essas atividades. Em vez disso, tinha de depender do financiamento dos estados, que raramente contribuíam.

A Constituição

Por ocasião do Tratado de Paris, os Estados Unidos da América podiam considerar-se independentes, mas praticamente não havia união entre eles. Os Artigos da Confederação haviam criado uma união tão fraca que estava a ponto de se romper. O Congresso tinha um papel claro a desempenhar na coordenação do esforço de guerra, mas depois que esta acabou, o interesse desapareceu à medida que os estados começaram a atuar autonomamente. Os líderes políticos voltaram a atenção para o governo de seus próprios estados, e o Congresso perdeu o propósito.

A situação da incipiente nação era lúgubre. O Congresso não tinha meios de levantar dinheiro para financiar suas operações ou pagar as dívidas externas. Por não ter controle sobre o comércio, não podia mais negociar no exterior, e os estados começaram a disputar qualquer negócio internacional que eventualmente surgisse em seu caminho. A depressão econômica que se seguiu ao fim da guerra aumentou as tensões. O Congresso não podia sequer assegurar que os estados respeitassem os termos do Tratado de Paris com relação à restituição de propriedades confiscadas dos súditos ingleses e às dívidas de guerra. Por essa razão, o conceito dos Estados Unidos na arena internacional ficou abalado. Nenhuma nação estrangeira queria entrar em acordos com um governo que não cumpria tratados internacionais nem pagava os débitos pendentes.

A mesma discórdia estava ocorrendo no nível dos governos estaduais. As primeiras constituições locais, em reação à circunstância histórica, haviam garantido excesso de poder às legislaturas populares, que se tornaram inchadas, caras e ineficientes. Assim, na década de 1780, muitos estados começaram o processo de revisão de suas constituições para restabelecer o equilíbrio, fortalecendo os poderes Executivo e Judiciário.

Por todo o país, revelava-se na classe política uma nova geração de nacionalistas. Esse nacionalismo, no entanto, assumiu uma forma diferente daquele da geração anterior. Enquanto nas décadas de 1760 e 1770 tudo se resumia a conquistar a independência e instituir um governo com base em uma democracia popular, o objetivo na década de 1780 era estabelecer segurança por meio do fortalecimento do poder central.

Essas pressões levaram à convocação do Congresso da Confederação, autorizado pelo Congresso a revisar os Artigos da Confederação. Ele reuniu-se na Filadélfia em 25 de maio de 1787, na mesma sala em que a Declaração

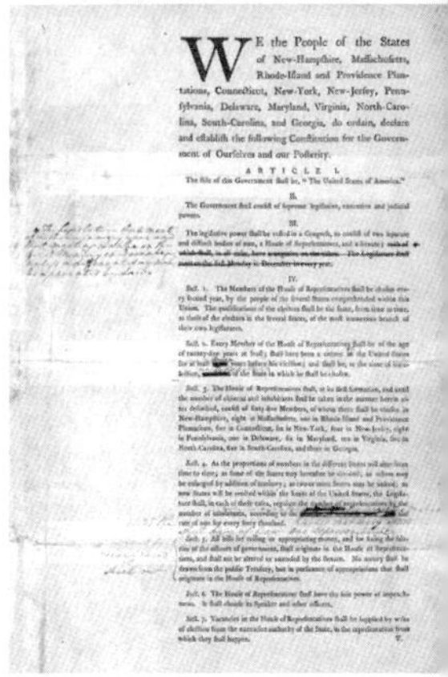

We the People of the States of New-Hampshire, Massachusetts, Rhode-Island and Providence Plantations, Connecticut, New-York, New-Jersey, Pennsylvania, Delaware, Maryland, Virginia, North-Carolina, South-Carolina, and Georgia, do ordain, declare and establish the following Constitution for the Government of Ourselves and our Posterity.

ARTICLE I.

de Independência fora assinada. Compareceram 55 delegados de 12 estados — apenas Rhode Island absteve-se. Os delegados tinham alta escolaridade e eram homens experientes. Entre eles havia os que tinham participado do Congresso nas convenções constitucionais de seus estados até mesmo como governadores. Também eram jovens — a média de idade era de 42 anos. Os delegados mais velhos incluíam alguns nomes veneráveis: George Mason, Roger Sherman e Benjamin Franklin (com 81 anos, era o mais velho de todos). Muitos líderes revolucionários da década de 1770 estavam conspicuamente ausentes. Jefferson e John Adams encontravam-se na Europa; Samuel Adams não estava bem de saúde; Richard Henry Lee e Patrick Henry recusaram-se a comparecer

De maio a setembro, os delegados debateram com profundidade, destemor e entusiasmo. O resultado que tornaram público em 17 de setembro — a nova Constituição — era tão radical quanto fora a Declaração de Independência à sua época. Sua saída do *status quo* dos Artigos da Confederação foi uma tentativa por parte de seus idealizadores de forçar a nova nação americana a viver de acordo com seu potencial, como vislumbrado pelos revolucionários da década de 1770. A Constituição criou uma nova estrutura para o governo federal, com poderes limitados, mas suficientes, e competência para aplicar a lei. Em vez de os estados governarem com poder supremo

Esquerda: Patrick Henry, um dos mais ativos patriotas durante a luta da independência, recusou-se a comparecer ao Congresso da Confederação que produziu a Constituição dos Estados Unidos.

Direita: A Constituição é a pedra fundamental do governo e da lei nos Estados Unidos.

sob uma estrutura central enfraquecida, eles retiveram muitos direitos em uma união fortalecida.

> Nós, o Povo dos Estados Unidos, a fim de formar uma União mais perfeita, estabelecer a Justiça, assegurar a Tranqüilidade interna, prover a defesa comum, promover o Bem-estar geral e garantir para nós e para os nossos Descendentes os benefícios da Liberdade, promulgamos e estabelecemos esta Constituição para os Estados Unidos da América.

A Constituição é o documento fundamental do governo norte-americano e, portanto, dos Estados Unidos da América. Todas as lei derivam da Constituição, seja diretamente seja por meio de interpretação e elucidação do texto. Ela é estudada, analisada e discutida por advogados e constitucionalistas eruditos. No entanto, apesar de seu grande valor, tanto histórico quanto contemporâneo, ela não recebeu a mesma atenção popular que a Declaração. Sua data de aniversário, 17 de setembro, não é comemorada com celebrações públicas; embora o presidente faça anualmente uma leitura pública do documento, a cerimônia não é televisionada nem realizada com grandes pompas.

Uma razão pela qual a Constituição não capturou o imaginário popular é que ela não se beneficiou da prosa envolvente de Jefferson ou de sua habilidade em resumir verdades essenciais. Entretanto, a Declaração de Independência foi realmente apenas uma comunicação gloriosa. Não prescrevia maneiras de efetivar as medidas práticas mencionadas em seu parágrafo final, nem de como atingir seus objetivos. Era, portanto, um documento de eloqüência refinada. A Constituição, por outro lado, era – e é — um documento de trabalho. Embora tenha representado uma ruptura revolucionária com o passado — como a Declaração —, assentou também o fundamento prático para o futuro.

MANIFESTO

A DECLARAÇÃO DE INDEPENDÊNCIA

O LEGADO DA DECLARAÇÃO

A publicação do documento e a proclamação de uma guerra formal contra a Grã-Bretanha são provas da coragem dos líderes daquele país.

Vasili Grigorevich Lizakevich,
Encarregado de Negócios Estrangeiros
da Rússia em Londres, 13 de agosto de 1776.

A submissão das resoluções do Congresso Continental ao mundo teve como resposta um silêncio ameaçador. Embora seus criadores tivessem grandes ambições, a Declaração de Independência por si só teve pouco alcance a curto prazo. Em vez disso, o progresso da guerra, em conjunto com a diplomacia, por fim alcançou o objetivo de independência estabelecido. A longo prazo, a Declaração influenciou o cenário internacional – e alguns lugares inesperados.

A acolhida inglesa

O texto da Declaração de Independência atravessou sem demora o Atlântico. No outono de 1776, quatro cópias haviam sido registradas nos documentos oficiais da Inglaterra. A partir de meados de agosto, o texto também começou a aparecer nos jornais ingleses, reimpresso na íntegra, embora, em geral, na última página e com pouco destaque ou repercussão. A publicação não inspirou muito debate; na imprensa normalmente vociferante da Inglaterra, houve poucos editoriais ou cartas dos leitores sobre o assunto.

O governo inglês também não apresentou resposta direta à Declaração de Independência, em parte porque refutá-la ou negá-la implicaria reconhecer sua legitimidade. Dessa forma, nenhuma menção a ela foi feita no Parlamento. Não obstante, o governo comissionou um jovem advogado, John Lind, que anteriormente havia escrito dois panfletos sobre o governo e as colônias norte-americanas, para redigir uma réplica ao documento. Em pouco mais de 100 páginas, na "Resposta à Declaração do Congresso Americano", de 1776, Lind apresentou uma refutação ponto a ponto da Declaração, ridicularizando seus objetivos, sua argumentação e o próprio povo americano. Apesar de ter se concentrado principalmente na seção que detalha as acusações contra o rei, Lind também voltou a atenção para o preâmbulo, ainda que com certa relutância:

> Não dei grande importância ao preâmbulo. A verdade é que merece pouca ou nenhuma atenção. As opiniões dos americanos contemporâneos sobre o Governo, como as dos bons ancestrais sobre a feitiçaria, seriam extremamente ridículas, desprezíveis e extravagantes se não tivessem conduzido a males muitos sérios. Nesse preâmbulo, no entanto, é que eles tentam estabelecer uma teoria de Governo; uma teoria tão absurda e visionária quanto o sistema de conduta em defesa do qual é estabelecida, e isso é execrável. É aqui que se apresentam máximas para justificar as iniciativas contra o Governo britânico. Sobre essas máximas, mencionadas com esse propósito, bastaria dizer que repugnam à Constituição britânica. Mas, além disso, são subversivas para qualquer tipo de governo real ou imaginável.

O trabalho de Lind foi acompanhado de um ensaio de 50 páginas, "Uma breve crítica da Declaração", que tinha como objetivo destruir os fundamentos lógicos do texto americano. Foi escrito anonimamente por Jeremy Bentham, filósofo inglês fundador do utilitarismo. Amigo de Lind, Bentham o havia ajudado anteriormente em seus outros panfletos sobre as colônias. Era um firme opositor da idéia de direitos ou leis naturais, a que se referiu durante a vida como "completamente sem sentido". Para ele, as únicas leis eram aquelas criadas oficialmente pelos legisladores, e os únicos direitos que os homens possuíam eram aqueles garantidos por tais leis. Como afirmou anonimamente: "Se por qualquer lei de Deus tivessem direito ao que agora demandam, teriam apenas que apresentar essa lei, e toda a controvérsia se acabaria. Em vez disso, o que apresentam? O que chamam de verdades evidentes por si mesmas." Embora não fosse um adversário das colônias ou mesmo necessariamente contrário ao desejo americano de alcançar independência, Bentham acreditava que o preâmbulo enfraquecia fatalmente não só a Declaração, mas todo o empreendimento. Como escreveu em 1780: "Só se pode lamentar que uma causa tão racional tenha se apoiado em argumentos mais adequados a gerar objeções do que a eliminá-las."

O filósofo britânico Jeremy Bentham foi um dos poucos oponentes da Declaração de Independência na Grã-Bretanha a expressar suas idéias por escrito, embora sua diatribe contra o documento, "Uma breve crítica da Declaração", tenha sido publicada anonimamente.

A outra única resposta oficial à Declaração de Independência veio da pena de Thomas Hutchinson, americano legalista residente na Inglaterra. Ele havia sido vice-governador da colônia de Massachusetts durante o Massacre de Boston e governador durante a Boston Tea Party. Estigmatizado como traidor por seu apoio à monarquia, teve a residência saqueada e foi duas vezes atacado por multidões. Para sua segurança e a de sua família, mudou-se para a Inglaterra em 1774. Em "Críticas à Declaração do Congresso de Filadélfia", de 1776, Hutchinson também atacou a lista de agravos. "Creio que teria sido melhor política deixar o mundo completamente ignorante dos motivos dessa Rebelião do que oferecer razões tão falsas

Boston, vista aqui em uma paisagem de 1764, foi a terra natal de Thomas Hutchinson, forçado a mudar-se para a Inglaterra em 1774 depois que ele e sua família foram atacados por sua posição legalista.

e frívolas para apoiá-la", afirmou, argumentando que a forma ambígua como as acusações foram formuladas teve simplesmente o objetivo de encobrir fraquezas. Em sua opinião, as acusações na realidade tinham pouco peso e foram apresentadas apenas para dar alguma base aos objetivos de um pequeno grupo de rebeldes:

> Havia homens em cada uma das principais Colônias que tinham em vista a Independência antes de qualquer um desses impostos ter existido ou ter sido proposto, o que foi desde então a causa ostensiva da resistência à execução das medidas do Parlamento. Aqueles homens conduziram a Rebelião em vários estágios, até que removeram os poderes constitucionais de Governo em cada Colônia e assumiram para si próprios, junto a outros, a autoridade suprema sobre todas elas.

O que a Declaração de Independência deixou de alcançar, o progresso da guerra tornou realidade. À medida que a maré tornou-se militarmente contrária às forças britânicas, culminando com a rendição do general Burgoyne depois da batalha de Saratoga, o governo e o povo britânicos passaram a ver os americanos não como crianças rebeldes que precisavam ser disciplinadas, mas como uma nação beligerante. A posterior aliança com a França, firmada em março de 1778, completou esse processo. Os americanos tinham muito em comum com os ingleses, inclusive a religião, a cultura e um compromisso político com um governo central limitado, e isso criava um elo especial entre os dois países. A França, por outro lado, não apenas era rival no palco internacional mas, culturalmente, muito diferente, tanto em termos de língua e cultura como de sistema de governo. A partir desse momento, o governo britânico começou a negociar com os americanos como nação independente, separada; a mudança na atitude pública foi evidenciada por um tratamento diferente dos jornais, à medida que a América tornou-se apenas outro teatro de guerra em um conflito recém-expandido.

O marquês de Lafayette, que escreveu uma versão inicial da Declaração dos Direitos do Homem e do Cidadão, foi um conhecido admirador da Declaração de Independência.

A França

A França permaneceu tão silenciosa quanto a Grã-Bretanha imediatamente depois que a Declaração de Independência foi publicada, em 1776. A primeira cópia enviada a Silas Deane, o representante americano em Paris, foi perdida no mar, e a segunda só chegou em novembro daquele ano. Novamente, não houve qualquer resposta do governo francês e, uma vez mais, o sucesso militar americano teve mais influência do que a Declaração de Independência para mudar essa situação e atrair a França para uma aliança estratégica.

O resto da Europa permaneceu igualmente silencioso, apesar de muitos jornais terem publicado traduções do documento na íntegra. Menções oficiais foram poucas e raras. Mesmo o conde de Aranda — representante espanhol na França, admirador de Franklin e Jefferson e defensor da aliança entre a Espanha e os Estados Unidos durante a guerra — foi conspicuamente silencioso em seus despachos oficiais para a Espanha. Intelectuais europeus permaneceram alheios à Declaração de Independência. Apesar de a proposição americana ter sido intelectualmente interessante, seu republicanismo radical contrastava com o tradicionalismo europeu. Os liberais europeus da época (na França ou nos estados alemães, por exemplo) não buscavam destituir os monarcas, mas sim garantir direitos individuais dentro do sistema vigente.

As primeiras traduções da Declaração para o francês apareceram em publicações fora da França — somente depois da aliança de 1778 o texto foi publicado naquele

A Declaração dos Direitos do Homem e do Cidadão foi pouco influenciada pela Declaração de Independência. Mais semelhante à Carta de Direitos, ela enumera os direitos fundamentais dos cidadãos franceses.

país. Um dos seus primeiros tradutores foi o duque de La Rochefoucauld d'Enville, amigo de Benjamin Franklin — e diz-se que o próprio Franklin auxiliou-o na tarefa. La Rochefoucauld, um delegado da Assembléia Nacional francesa, foi um admirador da Declaração de Independência, como também o foi o marquês de Lafayette, que escreveu um esboço inicial da Declaração dos Direitos do Homem e do Cidadão, adotada pela Assembléia Nacional em 1789 e incorporada à Constituição em 1791.

Muitos políticos franceses tinham em mente a Declaração de Independência enquanto redigiam a sua própria declaração, e sabe-se que teriam consultado tanto Benjamin Franklin como Thomas Jefferson, apesar de a declaração da França ter mais em comum com a Carta de Direitos e as constituições de vários estados; a Assembléia francesa também tinha cópias desses documentos, e tanto a Carta de Direitos da Virgínia como a Constituição da Pensilvânia eram tidas em alta conta. Apesar de se saber que a Assembléia consultou os documentos americanos ao longo de um debate que durou dois anos, esses textos tiveram pouca ressonância no documento francês. Em grande parte,

Simon Bolívar e Francisco Miranda assinaram a declaração de independência venezuelana contra o jugo espanhol em 5 de julho de 1811. Apesar de a Revolução Americana ter inspirado movimentos de insurreição na Nova Espanha, o texto da Declaração de Independência em si teve pouca influência.

isso se deve aos propósitos distintos das duas declarações: enquanto os americanos proclamavam sua independência e se libertavam de um governante opressor, os franceses estavam tentando educar o povo sobre os seus direitos em face da existência contínua da monarquia absoluta, em uma tentativa de limitar abusos de poder no futuro.

Apesar de a declaração francesa enumerar os direitos do povo, estes têm apenas semelhança remota com "a vida, a liberdade e a busca da felicidade" de Jefferson: entre os "direitos naturais, inalienáveis e assegurados" no documento francês estão "a liberdade, a segurança, a propriedade e a resistência à opressão". O documento continua em seguida a listar outros direitos, inclusive o de liberdade de expressão e de imprensa, e afirma a soberania última do povo, mais no espírito da Carta de Direitos do que da Declaração de Independência.

Os séculos XIX e XX

Durante o século XIX, os movimentos revolucionários, embora possam ter abraçado os sentimentos expressos na Declaração, fizeram pouco uso do documento. O objetivo das revoluções na Alemanha e na Rússia, por exemplo, não foi libertar-se de uma potência colonial, mas sim revisar as formas de governo. Os radicais estavam mais interessados nos documentos práticos, em especial as constituições nacionais e estaduais.

A Nova Espanha (México), que lutava pela independência do governo colonial, também ignorou a Declaração de Independência, apesar de esta ter sido publicada em livros e jornais do México durante a década de 1810 e de a Revolução Americana ter sido considerada uma inspiração para o Novo Mundo. Entretanto, a linguagem de Jefferson, tão revolucionária à época, não foi aplicada à tentativa mexicana de obter independência. Isso pode em parte ter sido causado por um certo ressentimento: o governo norte-americano recusara-se a ajudar os rebeldes mexicanos, com receio de que isso levasse a Espanha à Guerra de 1812, ao lado da Grã-Bretanha. A revolução nas colônias hispano-americanas também tomou um curso bem diferente. No fim, a emancipação da Nova Espanha foi conseguida pacificamente, depois que Madri reconheceu a impossibilidade de controlar um império tão extenso.

No Japão do século XIX, por outro lado, a Declaração de Independência exerceu grande influência entre grupos radicais e mesmo entre políticos experientes, quando reescreveram a própria constituição objetivando reformar a sociedade. A Declaração foi publicada pela primeira vez no Japão durante a década de 1860, depois que o tratado com os EUA, em 1854, despertou a atenção dos japoneses para a cultura norte-americana. Isso coincidiu com um período da história nipônica conhecido como o Iluminismo da Era Meiji, um tempo de modernização e abertura da cultura local à influências de todo o mundo. A Declaração foi bastante lida e respeitada pelas afirmações de liberdade e igualdade. As publicações dominantes apresentaram-na como um documento que servia de inspiração no momento em que o Japão revia sua constituição, embora não estivesse buscando estabelecer uma república. A Declaração tornou-se também o texto central de movimentos em prol dos direitos defendidos por radicais que visavam à queda da classe estabelecida e ao rompimento das barreiras econômicas na sociedade japonesa.

Durante o século XX, a Declaração de Independência voltou a ser proeminente no Japão, dessa vez durante a ocupação americana depois da Segunda Guerra Mundial. Como parte dos esforços para "reabilitar" o Japão, o general Douglas MacArthur planejou introduzir um novo texto para substituir a Constituição Meiji. A versão de MacArthur limitava dramaticamente o poder do imperador, reduzindo-o efetivamente a uma figura simbólica.

A nova constituição, redigida por um comitê de advogados e oficiais do quartel-general de MacArthur, contém palavras e frases não apenas da Declaração de Independência, mas também da Constituição, da Carta de Direitos e do Discurso de Gettysburg. Essas alusões aparecem claramente na leitura do preâmbulo:

> Nós, o povo japonês, agindo por meio de nossos representantes na Assembléia Nacional devidamente eleitos ... proclamamos a soberania da vontade popular e promulgamos e estabelecemos essa Constituição, fundamentada sobre o princípio universal de que o governo é uma responsabilidade sagrada, cuja autoridade é derivada do povo, cujos poderes são exercidos pelos representantes do povo e cujos benefícios são gozados pelo povo.

Mais adiante no documento, entre as garantias enumeradas na longa seção da Carta de Direitos, encontra-se o "direito à vida, à liberdade e à busca da felicidade". Da mesma forma que a Declaração de Independência teve influência na elaboração da Constituição Meiji, suas idéias alimentaram a versão de 1946. Dessa vez, no entanto, as autoridades americanas também incorporaram ecos da Declaração dos Direitos do Homem francesa, da Constituição Soviética de 1918 e da Constituição de Weimar (Alemanha) de 1919.

Durante o século XX, a linguagem da Declaração de Independência também retornou à vanguarda dos

Durante o Iluminismo Meiji no século XIX, o Japão se abriu a influências estrangeiras. Essa gravura de 1873, de Hiroshige III, é um exemplo: dois estrangeiros cavalgam, em frente a fios telegráficos recém-instalados, em contraste com o fundo tradicional do monte Fuji. A Declaração de Independência foi publicada pela primeira vez no Japão na década de 1860.

A nova constituição do Japão, escrita pelos americanos sob o comando do general Douglas MacArthur, usou linguagem extraída diretamente da Declaração de Independência, bem como de outros documentos seminais.

movimentos revolucionários quando Ho Chi Minh a incluiu em sua própria declaração de independência para o povo vietnamita, em 2 de setembro de 1945, anunciando o estabelecimento de uma república independente no Vietnã do Norte, com a capital em Hanói. Ho Chi Minh foi o fundador e o líder do Viet Minh, cujo objetivo era libertar o Vietnã da ocupação japonesa e francesa e unificar o país. Muito viajado e culto, ele havia sido também um agente secreto do Gabinete de Serviços Estratégicos norte-americano (precursor da CIA), e sabe-se que verificou a correção de suas citações da Declaração de Independência com um colega americano, também agente secreto, antes de liberar a sua própria versão. O documento começa com uma citação direta:

> "Todos os homens são criados iguais. Eles são dotados pelo Criador de certos direitos inalienáveis, entre estes estão a vida, a liberdade e a busca da felicidade."
>
> Essa afirmação imortal foi feita na Declaração de Independência dos Estados Unidos da América do Norte em 1776. Em um sentido amplo, isso significa: todos os povos da terra são iguais a partir do nascimento, todos os povos têm direito à vida, a ser felizes e livres.

Ho Chi Minh alterou sutilmente as palavras de Jefferson quando traduziu o texto: a palavra usada para "homens" na primeira citação foi representada em vietnamita por um termo que na verdade se traduz como "pessoas". Dessa forma, e na interpretação que faz nas sentenças seguintes, ele estava tornando a mensagem de Jefferson explicitamente inclusiva, oferecendo direitos iguais a mulheres e homens.

Ho Chi Minh também se inspirou na estrutura da Declaração de Independência. O texto começa com um preâmbulo que menciona e cita a Declaração dos Direitos do Homem francesa — preâmbulo especialmente significativo, já que o Vietnã era na época uma possessão colonial da França. Da mesma forma como na Declaração de Independência, o preâmbulo é seguido por uma lista de queixas. Inicialmente são genéricas, cada uma começando pela palavra "eles" — da mesma maneira que Jefferson começou as acusações americanas com "ele". Mais adiante, entretanto, Ho Chi Minh se afasta desse ritmo, tornando as acusações bem mais específicas e detalhadas. O final também alude à Declaração de Independência:

> Por essas razões, nós, membros do Governo Provisório da República Democrática do Vietnã, solenemente declaramos ao mundo que o Vietnã tem o direito de ser um país livre e independente — e de fato já o é. O povo vietnamita está determinado a mobilizar todo o seu poder físico e mental, a sacrificar suas vidas e propriedades para salvaguardar sua independência e liberdade.

À luz da Guerra do Vietnã, é irônico que Ho Chi Minh tenha utilizado como base para a fundação da república vietnamita um documento que é a quintessência da América.

Ho Chi Minh, líder comunista vietnamita e primeiro presidente do Vietnã do Norte, citou a Declaração de Independência dos EUA em sua própria declaração de independência para o povo vietnamita em 1945.

MANIFESTO

A DECLARAÇÃO DE INDEPENDÊNCIA
O DESFECHO

Eu tenho um sonho de que um dia esta nação se erguerá e viverá para sempre o verdadeiro significado do credo: "Consideramos estas verdades evidentes por si mesmas, de que todos os homens são criados iguais."

MARTIN LUTHER KING, 28 de agosto de 1963.

A Guerra de 1812 entre os Estados Unidos e a Grã-Bretanha foi o ponto culminante de mais de dez anos de tensão entre os dois países, evidenciado por uma série de embargos comerciais e ameaças britânicas às embarcações norte-americanas. O curso da guerra não era favorável aos rebeldes. Grande parte da marinha americana foi bloqueada no porto pela poderosa armada britânica, e as forças britânicas ao sul alcançaram Washington DC, queimaram a Casa Branca e forçaram o presidente a fugir, antes de serem derrotadas em Baltimore. Todavia, o progresso militar tardio dos americanos e a diplomacia em andamento, iniciada tão logo a guerra começou, levaram a uma situação de impasse. Os termos do Tratado de Ghent, de 1815, foram fonte de orgulho para os americanos, porque os britânicos não conseguiram atingir seus objetivos: o controle dos Grandes Lagos e a criação de um estado nativo americano sob seu controle.

Esquerda: Andrew Jackson obteve uma famosa vitória em Nova Orleans, contribuindo para o renascimento do patriotismo americano. Aqui ele é celebrado em uma estátua no Quarteirão Francês da cidade.

Direita: A Batalha de Nova Orleans aconteceu duas semanas depois de o Tratado de Ghent ter oficialmente posto fim à Guerra de 1812.

Em vez disso, foi estabelecida uma comissão de fronteira para formalizar a divisa com o Canadá, com base no território ocupado antes do começo da guerra. Ainda assim, é preciso dizer que os americanos também não atingiram os seus objetivos, pois as questões delicadas do alistamento compulsório de marinheiros e o exercício dos direitos de nações neutras nunca estiveram na mesa de discussão.

O fim da guerra em 1815 marcou uma onda de mudança na consciência americana, com o desenvolvimento de um novo sentimento de nacionalismo. Embora os americanos não tivessem vencido a guerra, também não a haviam perdido. Mantiveram-se firmes em um conflito internacional e conquistaram algumas vitórias memoráveis. A famosa vitória de Andrew Jackson em Nova Orleans, em 15 de janeiro de 1815, embora ocorrendo duas semanas após o Tratado de Ghent ter posto termo às hostilidades, estimulou o fervor patriótico. Esse sentimento foi intensificado à medida que a rápida industrialização no início da década de 1820 trouxe uma prosperidade sem precedentes a todo o país.

Como parte desse novo sentimento de orgulho nacional, os americanos começaram a reexaminar sua própria história. Durante as décadas que conduziram ao 50º aniversário da Declaração de Independência, em 1826, foram lançados livros importantes sobre a história americana, tais como os três volumes de *História da Revolução Americana* (1805), de Mercy Otis Warren. O povo passou a se interessar pela época que deu início à república americana e pelos patriotas que conquistaram a emancipação do jugo

britânico. Foi publicado um grande número de biografias de signatários da Declaração de Independência.

A grande pintura de John Trumbull representando a assinatura da Declaração de Independência foi exibida em 1818. Hoje é uma das mais famosas imagens dos eventos do período revolucionário.

O papel de Thomas Jefferson como responsável pela elaboração da Declaração tornou-o foco de interesse e pesquisas históricas. Ele estimou no início da década de 1820 haver respondido a cerca de mil cartas por ano, muitas das quais relacionadas a indagações sobre a história inicial dos Estados Unidos e em particular sobre a era revolucionária. John Adams foi também um correspondente prolífico, que se ressentiu muito do perfil grandioso de Jefferson, e, da mesma forma, manteve ampla correspondência com ávidos historiadores. Houve entre os dois troca freqüente de cartas, cada um apoiando sua versão particular dos primórdios da história americana, ao mesmo tempo em que lamentavam as mortes de antigos colegas.

As pinturas relacionadas à história inicial dos Estados Unidos tornaram-se também populares. Vários fac-símiles da Declaração de Independência (incluindo aqueles feitos a partir da versão original gravada em pergaminho) foram vendidos para compradores ansiosos, que celebravam a história da nação. A grande pintura de John Trumbull representando a assinatura da Declaração de Independência foi exibida ao público na Rotunda do novo prédio do Capitólio em 1818. Jefferson havia sugerido a Trumbull em 1787, quando ambos estavam em Paris, pintar a cena; para isso forneceu-lhe um esboço do Salão da Assembléia da Câmara Estadual da Pensilvânia (hoje conhecida como Independence Hall); as lembranças de Jefferson foram pouco exatas, e a pintura contém várias imprecisões arquitetônicas que foram incorporadas tanto a uma pintura menor concluída em 1793 quanto à obra maior.

Depois de 1815, o 4 de julho tornou-se uma grande comemoração: foi por essa época que teve início a tradição de ler a Declaração de Independência nesse dia festivo, transformando-a em um documento bem conhecido e estimado. A data foi muitas vezes selecionada para o lançamento de projetos significativos, tais como a construção do Canal de Ohio e das estradas de ferro de Baltimore e Ohio.

Em 1819, criou-se uma celeuma a respeito da Declaração de Independência de Mecklenburg, documento que supostamente seria o precursor da declaração nacional. Em 30 de abril daquele ano, um jornal da Carolina do Norte, o *Raleigh Register*, publicou uma história sobre a chamada Declaração de Independência de Mecklenburg, que, dizia-se, fora adotada pela Convenção da Carolina do Norte de 20 de maio de 1775, um dia depois de as notícias da batalha de Lexington terem chegado até eles. Embora nem o documento real nem as atas do encontro tenham sobrevivido, a Declaração de Mecklenburg foi recriada por Joseph McKnitt Alexander a partir de notas conservadas por seu pai, John McKnitt Alexander, escrivão da Convenção.

A semelhança na linguagem entre a Declaração de Mecklenburg e o texto de Jefferson causou bastante agitação. Por exemplo, o documento de Mecklenburg afirma os "direitos inerentes e inalienáveis do homem"; também dissolve radicalmente os "laços políticos" entre a Inglaterra e a América. Se a Declaração de Mecklenburg tivesse sido autêntica, a declaração nacional teria perdido parte de sua mística, e o feito de Jefferson, agora tão comemorado, teria perdido seu esplendor. Em sua correspondência, Jefferson negou veementemente qualquer conhecimento prévio da Declaração de Mecklenburg, chamando-a de "espúria". Atualmente, a maioria dos historiadores duvida da veracidade do documento, mas, ainda assim, ela tem seus defensores na Carolina do Norte, estado que, com todo o direito, reivindica ter sido o "primeiro na liberdade", porque foi o primeiro a instruir seus delegados no Congresso Continental a votar pela independência.

Cinqüenta anos após a assinatura da Declaração de Independência, a vida dos dois pais da pátria – Thomas Jefferson e John Adams – chegava ao fim. Jefferson entrou em coma na noite de 3 de julho de 1826, mas resistiu até o dia seguinte; diz-se que suas últimas palavras foram: "Hoje é 4?" Aproximadamente no mesmo momento em que seu velho amigo falecia, Adams, lendo em sua poltrona, entrava em estado de inconsciência. Faleceu cinco horas depois, sendo as seguintes palavras consideradas as suas últimas: "Jefferson ainda vive."

Os direitos femininos

À medida que a Declaração de Independência tornava-se parte da consciência americana, suas palavras — especificamente as promessas feitas no preâmbulo — passavam a ser apropriadas por grupos que lutavam pela igualdade.

O movimento de sufrágio feminino usou o texto da Declaração de Independência quando publicou sua Declaração de Sentimentos depois da Convenção de Seneca Falls em julho de 1848. Mais de 300 delegados, tanto homens como mulheres, compareceram à primeira convenção de direitos femininos e assinaram a Declaração, escrita por Elizabeth Cady Stanton.

Elizabeth Cady Stanton (sentada ao lado de Susan B. Anthony) tomou a Declaração de Independência como modelo para a Declaração de Sentimentos, lançada pela Convenção de Seneca Falls. Esse documento foi assinado por mais de 300 delegados na primeira convenção de direitos femininos.

A Declaração de Sentimentos usou deliberadamente a de Independência como modelo. Como a precursora, consta de três partes. O preâmbulo é praticamente idêntico, embora use linguagem mais inclusiva:

> Quando, no curso dos acontecimentos humanos, torna-se necessário a uma parte da família humana assumir entre as pessoas da Terra uma condição diferente daquela a que tem se submetido até o momento, mas à qual as leis da natureza e de Deus concederam-lhe o direito, o apropriado respeito às opiniões da humanidade exige que ela declare as causas que a impelem em tal sentido.

> Consideramos estas verdades evidentes por si mesmas: que todos os homens e mulheres são criados iguais; que são dotados pelo Criador de certos direitos inalienáveis; que entre estes estão a vida, a liberdade e a busca da felicidade; que, para garantir esses direitos, são instituídos Governos que derivam seus justos poderes do consentimento dos governados.

Finalmente, a Declaração de Seneca Falls faz-se perfeitamente clara: "A história da humanidade é uma história de injúrias e usurpações incessantes da parte do homem contra a mulher, tendo como objetivo direto o estabelecimento de uma tirania absoluta sobre ela. Para provar isso, permitam-nos submeter os fatos a um mundo franco." E, em seguida, avança para apresentar suas queixas contra o *establishment* masculino, resumidas em 15 acusações bem específicas, variando desde o prosaico ("Ele nunca permitiu que ela exercitasse seu direito inalienável de votar em eleição; Ele a tem forçado a submeter-se a leis na formação das quais nunca teve voz") ao mais emotivo ("Ele tem se esforçado, de todas maneiras possíveis, para destruir a confiança da mulher em seus próprios poderes, diminuir seu amor-próprio e fazê-la querer levar uma vida abjeta e dependente"). Conclui com uma série de resoluções que estabelecem os objetivos de longo prazo para movimentos de direitos femininos – alguns dos quais ainda não foram alcançados.

Como a Declaração de Independência antes dela, a Declaração de Seneca Falls teve poucos resultados tangíveis. Embora tenha sido amplamente divulgada, encontrou recepção variada e foi ridicularizada pela maioria dos comentaristas masculinos nos principais órgãos de imprensa. No entanto, como a Declaração de Independência, veio também a desempenhar um papel como fonte de inspiração para o movimento, mesmo nos dias atuais.

Elizabeth Cady Stanton e Lucretia Mott, que conjuntamente organizaram a Convenção de Seneca Falls, tinham se encontrado oito anos antes na Convenção Mundial contra a Escravidão em Londres, onde as mulheres tiveram seu direito de falar tolhido, embora fossem delegadas oficiais. Em termos de associação e ideais, havia grande intercâmbio entre o movimento de sufrágio e o movimento abolicionista — muitas mulheres comprometeram-se com a luta por seus próprios direitos depois de participarem em pé de igualdade com os homens no movimento abolicionista.

A abolição

David Walker, ao escrever *Walker's Appeal* em 1823, afirmou:

> Vejam suas declarações, americanos!!! Vocês compreendem sua linguagem? Escutem o que foi declarado ao mundo no dia 4 de julho de 1776 — "Consideramos estas verdades evidentes por si mesmas — que TODOS OS HOMENS SÃO CRIADOS IGUAIS!! Que são dotados pelo Criador de certos direitos inalienáveis; que entre estes estão a vida, a liberdade e a busca da felicidade"!! Comparem sua própria linguagem acima, extraída da Declaração de Independência, com as crueldades e os assassinatos cometidos por seus pais impiedosos e por vocês próprios contra nossos pais e contra nós — homens que nunca lhes fizemos, nem a seus pais, a mínima provocação!!!!!!

A escravidão havia sido sempre uma questão controversa na vida e na política americanas. Jefferson, ele próprio senhor de escravos, havia incluído o envolvimento no tráfico de escravos entre as acusações contra o rei Jorge III, mas o Congresso eliminara essa seção, preferindo ignorar o assunto. Jefferson não via conflito entre a escravatura e a afirmação de que "todos os homens são criados iguais", uma vez que usava o termo em um sentido filosófico muito restrito, que imaginava ser compreendido por todos os seus contemporâneos.

Entretanto, mesmo nos primórdios da independência americana, o argumento da Declaração de Independência era também usado em documentos contrários à escravidão. Considere as primeiras linhas desta petição em

LADIES' DEPARTMENT.

'Am I not a Woman and a Sister?'

White Lady, happy, proud and free,
Lend awhile thine ear to me;
Let the Negro Mother's wail
Turn thy pale cheek still more pale.
Can the Negro Mother joy
Over this her captive boy,
Which in bondage and in tears,
For a life of wo she rears!
Though she bears a Mother's name,
A Mother's rights she may not claim;
For the white man's will can part,
Her darling from her bursting heart.

From the Genius of Universal Emancipation.

LETTERS ON SLAVERY.—No. III.

As ligações estreitas entre o sufrágio e a abolição são ilustradas nessa página do principal jornal abolicionista, *The Liberator*. O poema apelava às mulheres para que se juntassem ao movimento abolicionista.

Essa litografia de 1835 representa um dos primeiros encontros abolicionistas em Boston, durante o qual William Lloyd Garrison foi atacado por uma multidão e arrastado pelas ruas com uma corda amarrada ao pescoço; ele foi finalmente salvo pelo prefeito e, para sua própria segurança, colocado na prisão.

prol da abolição da escravatura, assinada por 19 escravos em New Hampshire e apresentada à assembléia estadual:

> A petição dos abaixo-assinados, nativos da África, agora detidos à força em regime de escravidão no estado mencionado, muito humildemente atesta: Que o Deus da natureza lhes deu vida e liberdade, nos termos da mais perfeita igualdade com outros homens; Que a liberdade é um direito inerente à espécie humana, a qual não deve ser abdicada, senão por consentimento, para o bem da vida social; Que a tirania pública e privada e a escravatura são igualmente detestáveis às mentes conscientes da igual dignidade da natureza humana.

O argumento dessa petição é bem semelhante, inclusive na linguagem, ao da Declaração de Independência.

Desde a década de 1820, a linguagem da Declaração de Independência e as promessas nela contidas foram discutidas com grande efeito retórico pelo movimento abolicionista. Vários artigos em panfletos e periódicos contestavam a prática da escravidão, ressaltando o conflito entre o espírito do documento de fundação dos Estados Unidos e a "estranha instituição". Os abolicionistas baseavam sua causa em princípios morais, retomando a idéia da lei natural advogada por Jefferson na Declaração de Independência e utilizando esse documento para defender seus argumentos.

Para William Lloyd Garrison, abolicionista e fundador do *The Liberator*, principal jornal abolicionista, a Declaração de Independência e a abolição eram indissoluvelmente ligadas. "Acredito na parte da Declaração de Independência em que se estabelece, como verdades evidentes por si mesmas, 'que todos os homens são criados iguais; que são

THE LIBERATOR.

VOL. I.] WILLIAM LLOYD GARRISON AND ISAAC KNAPP, PUBLISHERS. [NO. 17.

BOSTON, MASSACHUSETTS.] OUR COUNTRY IS THE WORLD—OUR COUNTRYMEN ARE MANKIND. [SATURDAY, APRIL 23, 1831.

THE LIBERATOR IS PUBLISHED WEEKLY AT NO. 11, MERCHANTS' HALL.

WM. LLOYD GARRISON, EDITOR.

A primeira página da edição de 23 de abril de 1831 do *The Liberator*, publicado por William Lloyd Garrison. O mote do jornal era "Nosso País é o Mundo — Nossos concidadãos são a Humanidade".

dotados pelo Criador de certos direitos inalienáveis; que entre estes estão a vida, a liberdade e a busca da felicidade'. Logo, sou um abolicionista."

Garrison usou freqüentemente as palavras da Declaração em seus argumentos poderosos contra a escravidão. Ela desempenhou papel fundamental na Declaração de Sentimentos da Convenção Americana contra a Escravidão, escrita por Garrison em 1833. Nesse documento, ele não apenas evoca o conteúdo da Declaração, mas também põe a abolição da escravatura em um *continuum* histórico, relacionando-a diretamente à vitória da independência meio séculos antes:

> Mais de 57 anos decorreram desde que um grupo de patriotas se reuniu neste lugar a fim de planejar medidas para libertar este país do domínio estrangeiro. A pedra angular sobre a qual fundamentaram o Templo da Liberdade foi geralmente esta — "que todos os homens são criados iguais; e que são dotados por seu criador de certos direitos inalienáveis; que entre estes estão a vida, a LIBERDADE e a busca da felicidade". Ao som do chamado das trombetas, três milhões de pessoas levantaram-se do sono da morte e se precipitaram para a luta sangrenta; acreditando ser mais glorioso morrer instantaneamente como homens livres do que desejável viver uma hora como escravos. Eles eram em pequeno número — pobres em recursos; mas a honesta convicção de que a Verdade, a Justiça e o Direito estavam do seu lado os tornou invencíveis.
>
> Nós nos reunimos para a realização de uma empresa sem a qual a de nossos pais ficará incompleta; e a qual, por sua magnitude, solenidade e resultados prováveis sobre o destino do mundo, transcende, em muito, a deles, assim como a verdade moral transcende a força física.

O ex-presidente dos EUA John Quincy Adams já era bem conhecido por suas posições antiescravagistas quando defendeu os africanos amotinados no *Amistad*. Sua defesa eloqüente propiciou-lhes o direito à liberdade e o retorno à África.

A Suprema Corte

A Suprema Corte, ao longo dos anos, recorreu à força moral da Declaração de Independência para orientação em mais de 100 casos, a maioria envolvendo questões de direito civil. O caso *Amistad* foi o primeiro no qual se apelou para a Declaração a fim de demonstrar o ethos do país.

Em fevereiro de 1839, dois portugueses, traficantes de escravos, capturaram e transportaram ilegalmente um grande grupo de pessoas de Serra Leoa para o mercado de escravos de Cuba, onde 53 dos homens e mulheres foram comprados por dois fazendeiros espanhóis. Enquanto navegavam no *Amistad* para Cuba, os africanos assumiram o controle do navio em 1º de julho e assassinaram o capitão e o cozinheiro, poupando os dois espanhóis, aos quais ordenaram que navegassem de volta para a África. Em vez disso, os espanhóis se dirigiram para leste, e em 24 de agosto o navio foi capturado pelo bergantim americano *Washington*. Os africanos foram aprisionados em New Haven, Connecticut, acusados de assassinato, e os dois fazendeiros espanhóis foram libertados. Embora as acusações de assassinato tivessem sido imediatamente rejeitadas, os africanos permaneceram na prisão enquanto se debatia seu futuro. A discussão passou a ser o direito de propriedade: eram eles propriedade dos espanhóis e dessa forma passíveis de extradição para Cuba, como propôs o governo espanhol, para enfrentar julgamento pelas acusações de motim e assassinato? Ou eram eles seres humanos e, portanto, livres, já que haviam sido inocentados de assassinato?

Depois que a corte de Connecticut decidiu que eles deveriam ser devolvidos à África como homens e mulheres livres, o presidente Martin Van Buren, por ordem do governo espanhol e não querendo perder apoio nos estados escravocratas do Sul, encaminhou o caso à Suprema Corte dos Estados Unidos. O advogado dos africanos, Roger Baldwin, neto de um signatário da Declaração de Independência, solicitou que John Quincy Adams assumisse a defesa do caso.

Adams (filho de John Adams) tinha 73 anos de idade em 1841, quando o caso do *Amistad* foi finalmente julgado pela Suprema Corte. Depois de um mandato sem destaque como presidente dos EUA, ele entrou para a Câmara de Representantes em 1831, onde ficou conhecido como ativista na luta abolicionista. Comoveu-se profundamente com a situação dos africanos, mas considerou o *Amistad* um caso difícil de enquadrar devido à ausência de qualquer precedente legal em que pudesse basear sua argumentação.

Por fim, Adams voltou-se para os fundamentos. Como disse em seu arrazoado, que durou mais de oito horas e foi ouvido por mais de dois dias: "Não conheço qualquer outra lei que abranja o caso de meus clientes que não seja a lei da Natureza e do Deus da Natureza, sobre a qual nossos pais depositaram nossa própria existência." E usou a Declaração de Independência para dar força moral a seu argumento: "É possível falar sobre essa exigência [extraditar os africanos para Cuba] em linguagem decente e moderada?... Será que o processo de exclusão das linhas negras desconsidera essas duas Declarações de Independência em suas molduras douradas? Teria o 4 de julho de [17]76 se tornado um dia de ignomínia e reprovação?"

Embora o caso tenha se baseado especificamente em direitos de propriedade, Adams estendeu sua argumentação para questionar a legitimidade da própria instituição da escravidão. Ele argumentou que, segundo a Declaração de Independência, o caso estaria encerrado. "No momento em que se chega à Declaração de Independência e ao fato de que todo homem tem direito à vida e à liberdade, um direito inalienável, este caso está decidido. Não peço nada mais em nome desses homens desafortunados senão o que se encontra nessa Declaração."

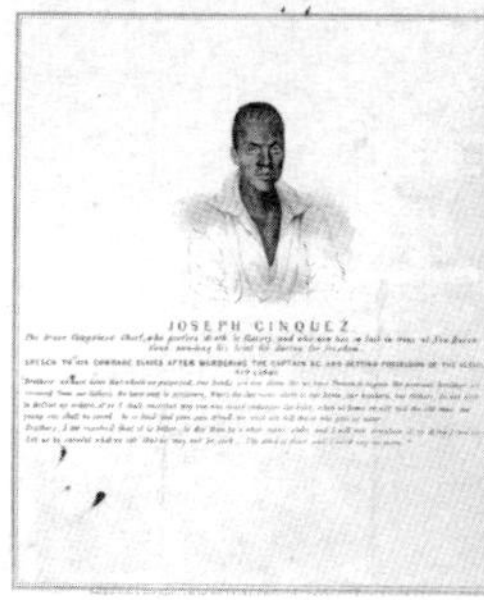

Esse retrato de John Cinque, líder da revolta no *Amistad*, foi posto à venda pelo *New York Sun* durante o julgamento. O texto reproduz parte do discurso de Cinque, proferido a seus compatriotas a bordo do navio, após o motim: "Irmãos, fizemos aquilo a que nos propúnhamos; nossas mãos estão limpas, pois lutamos para reconquistar a herança preciosa que recebemos de nossos ancestrais. Estou convicto de que é melhor morrer do que ser um escravo do homem branco..."

Esquerda: Scott sustentava que sua residência temporária em um estado livre conferia-lhe o direito à liberdade, mas Taney, citando a Declaração de Independência, deu parecer contrário.

Direita: Roger B. Taney, juiz da Suprema Corte, presidiu o julgamento do caso de Dred Scott.

A Suprema Corte levou um mês para chegar a uma decisão, escrita pelo juiz Joseph Story, que estabeleceu que os seres humanos não eram propriedades. Conseqüentemente, os africanos foram libertados. Passado algum tempo, os 35 africanos que sobreviveram ao *Amistad* e à prisão em Connecticut retornaram a Serra Leoa — depois que se conseguiu dinheiro, através de doações particulares de caridade, para financiar a viagem de volta.

O caso de Dred Scott chegou à Suprema Corte em 1856. Como escravo pessoal de um cirurgião do exército dos Estados Unidos, Scott deixara o Missouri, estado escravocrata, e fora viver em Illinois, estado sem escravidão, e depois em Wisconsin (onde também não havia escravidão). Depois da morte de seu proprietário, processou a família do cirurgião com o objetivo de obter alforria para ele e sua família, baseando-se no fato de que ter residido em um estado onde havia liberdade encerraria seu cativeiro. A Suprema Corte estava dividida, relutante em declarar a emenda do Missouri Compromise* inconstitucional, mas ainda assim deu parecer contra Scott por meio da decisão do juiz do Supremo Roger B. Taney.

Na opinião da corte, as leis de Illinois não se aplicavam a um residente de Missouri e, como conseqüência, sua situação de cativo foi mantida. Ainda mais significativamente,

* Acordo que permitia ao Missouri continuar escravocrata, mas determinava que todo território acima da linha de 36º 30' deveria abolir a escravidão. Com isso, mantinha-se o equilíbrio entre estados escravocratas e abolicionistas. (N.E.)

a corte sustentava que, como homem negro, ele não podia ser um cidadão dos Estados Unidos e, dessa forma, não tinha direito de recorrer às cortes federais. Em sua decisão, Taney referiu-se à afirmação dos abolicionistas de que a escravidão não se coadunava com as promessas inerentes à Declaração de Independência ao escrever: "É bem claro que não se pretendia incluir a raça africana escravizada, e que ela não fazia parte do grupo de pessoas que elaboraram e adotaram esta Declaração." Os juízes da Suprema Corte dissidentes deram suas próprias opiniões, contestando o julgamento em todas as bases; não obstante, a decisão foi mantida.

Abraham Lincoln e a Declaração de Independência

Abraham Lincoln, à época um político em ascensão, atacou veementemente a decisão no caso de Dred Scott. Para ele, ela representou não apenas a antítese de seu próprio credo político, mas uma traição ao que os Estados Unidos representavam. Ele respeitava profundamente os fundadores da pátria e inspirava-se nas palavras da Declaração de Independência. Como disse após ser eleito presidente em 1861: "Todos os sentimentos políticos que alimento foram extraídos, na medida em que fui capaz de fazê-lo, dos sentimentos que se originaram e foram dados ao mundo neste hall. Nunca tive um sentimento político que não nascesse dos sentimentos incorporados à Declaração de Independência."

Lincoln levou a sério os ataques à Declaração feitos pelos defensores da escravidão, tais como o senador John C. Calhoun, da Carolina do Sul, que sustentou "naõ haver qualquer palavra de verdade" nas afirmações de igualdade humana da Declaração e que tais frases foram incluídas por engano no texto famoso. Ele discordava de tais afirmações, bem como de outras opiniões controversas. Por exemplo, em um famoso discurso em Chicago em junho de 1857, Lincoln abordou diretamente a questão que ainda preocupa muitos leitores

Abraham Lincoln fez um discurso de improviso em 2 de fevereiro de 1861, no hasteamento da bandeira no Independence Hall, Filadélfia, reafirmando a crença nas promessas feitas pela Declaração de Independência. Lincoln havia parado a caminho de Washington DC, onde ia tomar posse.

contemporâneos da Declaração de Independência, a de que um documento que promete liberdade a todos tenha sido redigido e assinado por senhores de escravos:

> Creio que os autores desse notável instrumento pretendiam incluir todos os homens, mas não tinham a intenção de declarar todos os homens iguais em todos os aspectos. Não queriam dizer que todos eram iguais em cor, tamanho, intelecto, desenvolvimento moral ou capacidade social. Definiram, com distinção tolerável, em que aspectos consideravam todos os homens criados iguais — iguais em "certos direitos inalienáveis, que entre estes estão a vida, a liberdade e a busca da felicidade". Isso eles disseram, e isso quiseram dizer.
>
> Não pretendiam afirmar a inverdade óbvia de que todos estavam, de fato, usufruindo dessa igualdade, nem ainda de que eles estavam prestes a concedê-la imediatamente a todos. Na verdade, não tinham o poder para conceder tal dádiva. Pretendiam simplesmente declarar o direito, de modo que ele pudesse ser aplicado assim que as circunstâncias o permitissem. Pretendiam estabelecer um modelo máximo para a sociedade livre, que deveria ser conhecido e reverenciado por todos; a cada instante esperado, constantemente buscado, e, no entanto, nunca perfeitamente alcançado, sempre próximo e, portanto, espalhando e aprofundando sempre sua influência, aumentando a felicidade e o valor da vida para todas as pessoas de todas as cores, em toda parte.

Para Lincoln, a Declaração de Independência estabelecia o objetivo final de uma sociedade justa — que todos os membros alcançassem os direitos por ela anunciados. Era também um documento universal por seu espírito inclusivo, aplicável em qualquer lugar e a qualquer povo.

A interpretação ampla da Declaração de Independência de Lincoln tornou-se foco dos famosos debates com Stephen A. Douglas, seu concorrente a uma cadeira no Senado de Illinois, em 1858. Douglas era um político proeminente no Congresso desde 1843 e em busca de seu terceiro mandato como senador. Era um dos mais influentes democratas, embora causasse dissensão dentro do partido. Sua política de "soberania popular", de deixar a decisão sobre a escravidão para o âmbito estadual, levara-o a se opor à política democrática em mais de uma ocasião. Lincoln, por outro lado, era um iniciante na política nacional e tinha pouca esperança de ganhar a eleição.

Abraham Lincoln acreditava que as idéias expressas na Declaração de Independência representavam objetivos que os Estados Unidos deveriam almejar, e freqüentemente citava o texto em seus vigorosos discursos defendendo o fim da escravidão.

A personalidade destacada de Douglas fez com que a campanha recebesse cobertura nacional. Embora à época os senadores fossem eleitos pelos legisladores estaduais e não pelo voto popular (prática que continuou até 1913), Douglas e Lincoln fizeram suas campanhas junto ao povo, viajando pelo estado e falando para grandes multidões. Lincoln também desafiou Douglas a debates, com o que este relutou em concordar. Esses debates foram além da disputa pela cadeira no Senado — envolviam o futuro do escravagismo e do próprio país.

A Declaração de Independência, tão freqüentemente citada por Lincoln, era disputada pelos dois homens, cada um tentando utilizar o texto em causa própria. Douglas contestava a afirmação de Lincoln de que a Declaração de Independência garantia direitos iguais para negros e brancos:

> Eu afirmo que essa doutrina de Chicago adotada por Lincoln — de declarar que o negro e o branco são considerados iguais pela Declaração de Independência e pela Providência Divina — é uma heresia monstruosa. Os signatários da Declaração de Independência jamais consideraram o negro enquanto redigiam o documento. Referiam-se ao homem branco,

A estátua de Stephen A. Douglas, senador de Illinois de 1847 a 1861, encontra-se na frente do edifício do Capitólio Estadual de Illinois. Os debates entre Lincoln e Douglas durante a campanha presidencial de 1860 quase sempre abordavam suas diferentes interpretações da Declaração de Independência.

ao homem de origem e ascendência européias, quando declararam a igualdade de todos os homens... Quando a Declaração foi publicada, todas as treze colônias eram escravagistas e todos os homens que assinaram aquele documento representavam um corpo de constituintes escravocratas. Lembrem-se, também, que nenhum dos participantes emancipou seus escravos e muito menos os tratou como iguais, depois de terem assinado a Declaração. Ao contrário, todos mantiveram seus negros como escravos durante a guerra revolucionária... Dizer que a Declaração de Independência inclui o negro é o mesmo que acusar os signatários de hipocrisia. Eu digo a todos vocês, francamente, que em minha opinião esse governo foi constituído por nossos antepassados com base nos brancos. Foi instituído pelo homem branco, para o bem do homem branco e de sua descendência para sempre, e deve ser governado pelos homens brancos por todo o tempo que está por vir.

E Lincoln respondeu:

Tenho convicção de que todos os registros do mundo, desde a data da Declaração de Independência até três anos atrás, poderiam ser investigados em vão à procura de uma única afirmação, de um único homem, de que o negro não foi incluído na Declaração de Independência. Acho que posso desafiar o juiz Douglas a mostrar que ele próprio tenha alguma vez dito isso, que Washington tenha alguma vez dito isso, que qualquer presidente tenha alguma vez dito isso, que qualquer membro do Congresso tenha alguma vez dito isso... E lembro ao juiz Douglas e a todos aqui presentes que enquanto o sr. Thomas Jefferson era proprietário de escravos, como sem dúvida ele o era, ao falar sobre esse assunto, usou linguagem forte ao afirmar que "temia por seu país quando se lembrava que Deus era justo".

Embora Lincoln viesse a perder a eleição, a campanha transformou-o em uma figura política de destaque e enfraqueceu o apoio a Douglas em seu próprio partido. A vitória de Lincoln sobre Douglas na eleição presidencial de 1860 foi conseqüência direta disso. Durante toda a sua vida política, Lincoln recorreu diversas vezes à Declaração; suas constantes citações deram ao documento uma repercussão nova e duradoura, tornando-o a doutrina definidora da vida norte-americana.

No discurso improvisado na Câmara Estadual da Filadélfia, por ocasião de sua posse como presidente, Lincoln falou sobre a primazia das promessas feitas na Declaração de Independência:

> Eu freqüentemente me pergunto qual foi o grande princípio ou idéia que manteve esta Confederação unida por tanto tempo. Não foi a mera questão da separação das colônias da pátria-mãe; mas o sentimento, na Declaração de Independência, que deu liberdade, não somente ao povo deste país, mas, espero, a todo o mundo, e a todo o porvir. Foi ela que fez a promessa de que no tempo devido o peso seria retirado dos ombros de todos os homens. Esse foi um sentimento incorporado à Declaração de Independência. Agora, meus amigos, conseguirá este país ser salvo com base nisso? Se conseguir, eu me considerarei um dos homens mais felizes do mundo, se puder ajudar a salvá-lo. Se não conseguir, será realmente terrível. Mas se este país não puder ser salvo sem desistir desse princípio, eu me arrisco a dizer que prefiro ser assassinado neste local a renunciar a ele.

Martin Luther King Jr. discursa no Lincoln Memorial para multidões reunidas na marcha até Washington em agosto de 1963, proferindo seu discurso "Eu tenho um sonho...".

"Eu tenho um sonho"

Abraham Lincoln acreditava que a Declaração de Independência propunha "uma verdade abstrata, aplicável a todos os homens em todos os tempos". E o uso contínuo da Declaração como lema para o avanço dos direitos civis mostra que ele estava certo.

O espírito fundador dos Estados Unidos foi mais uma vez invocado por Martin Luther King Jr. no discurso mais famoso de sua carreira — e talvez o mais notável do movimento pelos direitos civis. Adequadamente, foi realizado no Lincoln Memorial, no final da marcha até Washington em agosto de 1963, 100 anos depois do mais famoso discurso de Lincoln, o Discurso de Gettysburg, e da Proclamação da Emancipação, que libertou todos os escravos:

Quando o Capitólio e a Casa Branca foram incendiados pelos britânicos durante a Guerra de 1812, a Declaração de Independência foi guardada a salvo em uma residência particular em Leesburg, Virgínia, sendo protegida da destruição.

> E, portanto, viemos aqui hoje para expressar com veemência uma condição vergonhosa. De certo modo, viemos à capital de nossa nação para descontar um cheque. Quando os arquitetos de nossa república escreveram as magníficas palavras da Constituição e da Declaração de Independência, eles estavam assinando uma nota promissória, da qual todos os americanos seriam beneficiários. Essa promissória dizia que todos os homens, sim, o homem branco e o homem negro, teriam garantidos os direitos inalienáveis de "Vida, Liberdade e busca da Felicidade".
>
> Hoje é óbvio que a América não cumpriu a promessa de pagamento no que diz respeito ao cidadão negro. Em vez de honrar essa obrigação sagrada, a América deu ao negro um cheque sem valor, um cheque que foi devolvido por "insuficiência de fundos". Mas recusamo-nos a acreditar que o banco da justiça esteja falido. Recusamo-nos a acreditar que os fundos nos grandes cofres de oportunidades desta nação sejam insuficientes. Portanto, viemos descontar esse cheque, um cheque que nos dará, de acordo com nossas demandas, as riquezas da liberdade e a segurança da justiça.
>
> Eu tenho um sonho de que um dia esta nação se erguerá e viverá para sempre o verdadeiro significado do credo: "Consideramos estas verdades evidentes por si mesmas, que todos os homens são criados iguais."

O sonho de Martin Luther King ia além do que Lincoln considerava possível — e bem além do que Jefferson concebera. Hoje a Declaração de Independência permanece no cerne dos debates sobre direitos civis: por exemplo, tanto os defensores como os adversários da ação afirmativa citam o texto da Declaração de Independência para sustentar suas posições. Em seu alcance ilimitado, é um documento autenticamente americano.

Uma carta de liberdade

A Declaração de Independência permanece não apenas em espírito, mas também como um documento físico. Escapou de destruição durante a Revolução, pois era levada de um lugar seguro para outro pelo Congresso. Quando o Capitólio incendiou-se, durante a Guerra de 1812, ela estava bem guardada em uma residência em Leesburg, Virgínia. Durante a Segunda Guerra Mundial, foi salvaguardada em Fort Knox.

Apesar da constante proteção contra possíveis desastres, o documento não escapou da devastação do tempo. Ao completar 50 anos de existência, a Declaração já estava em péssimas condições, tanto porque havia sido muito manuseada como porque inúmeras cópias haviam sido feitas usando-se um processo de transferência que diluía a tinta e enfraquecia o pergaminho. No seu centenário, em 1876, a Declaração encontrava-se em condições lastimáveis, desbotada e em estado de desintegração. Embora tivesse sido finalmente emoldurada em armação firme, protegida contra o manuseio, era exposta à luz solar, o que causou deterioração adicional.

Em 1952, em uma grande cerimônia, foi posta em uma moldura de vidro especialmente tratado com gelatina para controlar a exposição à luz e recheada com hélio para evitar oxidação. Foi então exposta na Biblioteca do Congresso. Lá permaneceu até 2001, quando foi cuidadosamente removida para ser submetida a um processo de restauração que durou dois anos. O pergaminho foi umedecido para que fossem removidas as saliências ou rugas desenvolvidas ao longo dos anos. Depois cada letra foi examinada atentamente para identificar camadas soltas

O Sino da Liberdade, assim chamado porque soou em 8 de julho de 1776 para anunciar a primeira leitura pública da Declaração de Independência, está em exposição no Parque Histórico Nacional da Independência na Filadélfia, Pensilvânia.

de tinta. Cada camada foi substituída, usando-se gotículas de um adesivo especial, e o dano ao pergaminho foi reparado usando-se um papel japonês especial.

Hoje a cópia manuscrita restaurada está guardada nos Arquivos Nacionais em Washington DC. Junto à Constituição e à Carta de Direitos Civis, é exibida ao público numa moldura de titânio, sob uma cúpula abobadada desenhada por John Russel Pope, que foi também o arquiteto do Jefferson Memorial.

Locais históricos

A Câmara Estadual da Pensilvânia, onde a Declaração de Independência foi debatida e assinada pelo Congresso Continental, é hoje conhecida como Independence Hall e foi declarada pela Unesco uma Herança Cultural da Humanidade. É mantida como parte do Parque Histórico Nacional da Independência na Filadélfia, onde também se encontra o Sino da Liberdade, que soou, no dia 8 de julho de 1776, para anunciar a primeira leitura da Declaração de Independência. A Casa Graff (hoje conhecida como Casa da Declaração), onde Jefferson se hospedou enquanto redigia o documento, é também parte do complexo do Parque Nacional. Lá se encontram em exposição a cadeira giratória e a escrivaninha usadas por ele.

Thomas Jefferson considerava ter escrito a Declaração uma das maiores realizações de sua vida. Quando escreveu o epitáfio que desejava em sua lápide, escolheu as seguintes palavras: "Autor da Declaração de Independência, do Estatuto da Virgínia para a Liberdade Religiosa e pai da Universidade da Virgínia."

Sua autoria da Declaração de Independência ficou imortalizada no Jefferson Memorial em Washington DC. O presidente Franklin Delano Roosevelt sugeriu a idéia

Para celebrar o 225º aniversário da Declaração, o produtor de televisão Norman Lear organizou a viagem da Declaração de Independência, um projeto apartidário e sem fins lucrativos, com o objetivo de levar o documento ao povo. Uma cópia da *Dunlap Broadside* pertencente a Lear viajou por todo o país, de julho de 2001 a novembro de 2004, visitando cidades por toda a nação e inspirando o ativismo cívico, especialmente entre os jovens americanos de hoje.

de um memorial a Jefferson com o objetivo de gerar um espírito patriótico e obter apoio para a Segunda Guerra Mundial. O Congresso autorizou prontamente uma comissão para planejar e construir o memorial em 1934. Houve controvérsia entre a comunidade dos arquitetos, porque o processo de seleção não foi submetido a licitação. A honra de projetar o memorial coube a John Russel Pope, que tomou por base a cúpula do Panteão de Roma — elemento arquitetônico que Jefferson usou tanto para sua casa em Monticello como para a Universidade da Virgínia. Dentro da cúpula encontra-se uma estátua de bronze maciço de Jefferson, de pé, olhando para a Casa Branca. Entre as inscrições na base da estátua e em torno da câmara há uma das mais repetidas citações da Declaração de Independência.

> Consideramos estas verdades evidentes por si mesmas, que todos os homens são criados iguais, que são dotados pelo Criador de certos direitos inalienáveis, que entre estes estão a vida, a liberdade e a busca da felicidade, que para garantir esses direitos, são instituídos governos entre os homens.
>
> Nós ... anunciamos e declaramos solenemente que estas colônias são, e por direito devem ser, estados livres e independentes ... E em apoio a esta declaração, com a firme confiança na proteção da providência divina, empenhamos mutuamente nossa vida, nossa fortuna e nossa honra sagrada.

Essa citação reflete menos as necessidades históricas que inspiraram a preparação da Declaração do que a nossa interpretação contemporânea. Mas isso por si só prova um ponto importante. A Declaração de Independência permanece um documento vivo, aberto a debate e interpretação até os dias de hoje.

A DECLARAÇÃO DE INDEPENDÊNCIA
APÊNDICE: A VERSÃO DE THOMAS JEFFERSON

A versão de Thomas Jefferson da Declaração de Independência

Uma Declaração dos Representantes dos Estados Unidos da América, reunidos em Congresso Geral.

Quando no curso dos acontecimentos humanos torna-se necessário a um povo recusar-se à sujeição a que tem sido submetido e assumir entre os poderes da Terra situação de igualdade e independência, à qual as leis da natureza e do deus da natureza lhe dão direito, o correto respeito às opiniões dos seres humanos exige que esse povo declare as causas que o levam à mudança.

Consideramos estas verdades evidentes por si mesmas; que todos os homens são criados iguais e independentes; que dessa criação igual eles derivam direitos inerentes e inalienáveis, entre os quais estão a preservação da vida, a liberdade e a busca da felicidade; que, para garantir esses fins, são instituídos entre os homens governos que derivam seu justo poder do consentimento dos governados; que, quando uma forma qualquer de governo ameaça destruir esses fins, cabe ao povo o direito de alterá-la ou aboli-la e instituir novo governo, assentando sua fundação sobre tais princípios e organizando-lhe o poder da forma que lhe pareça mais provável de proporcionar-lhe segurança e felicidade. A prudência, na verdade, aconselha que não se mudem governos de há muito constituídos por motivos superficiais e passageiros; e, da mesma forma, a experiência mostra que os seres humanos estão mais dispostos a sofrer enquanto os males são suportáveis do que a buscar justiça abolindo as formas a que se acostumaram. Mas quando uma longa série de abusos e usurpações, iniciada em período determinado e perseguindo invariavelmente o mesmo objeto, revela o propósito de submeter um povo a um poder arbitrário, é direito e dever desse povo destituir tal governo e providenciar novos guardiões para segurança futura. Esses têm sido os tormentos a que as colônias se resignaram; e esta é agora a necessidade que as força a eliminar seus sistemas de governo anteriores. A história do atual soberano é uma história de injúrias e usurpações incessantes, entre as quais não se destaca um único fato que contradiga o teor uniforme de todo o resto, e todas elas têm por objetivo direto estabelecer a tirania absoluta sobre esses estados. Para prová-lo, deixemos que os fatos sejam submetidos a um mundo franco, no qual depositamos a confiança de estarem isentos de falsidade.

Ele recusou assentimento para leis as mais benéficas e necessárias ao bem público;

Proibiu aos governadores sancionar leis de importância imediata e urgente ou as impediu de aplicação até que obtivessem sua aprovação; mas quando as leis eram assim sustadas, deixava-as inteiramente de lado sem lhes dar qualquer atenção;

Recusou-se a aprovar outras leis para atender às necessidades de distritos populosos, a menos que as pessoas desistissem do direito à representação no legislativo, direito este precioso para elas e temível apenas para os tiranos;

Dissolveu sucessivamente as câmaras de representantes por se oporem com firmeza inquebrantável à violação dos direitos do povo;

Recusou-se por longo tempo a deixar que outros representantes fossem eleitos, em virtude do que os poderes legislativos, não podendo ser eliminados, passaram a ser exercidos pelo povo em geral, ficando o Estado durante esse tempo exposto a todos os perigos de invasão externa ou de agitações internas;

Tentou impedir a expansão populacional destes estados, obstruindo, para esse fim, as leis de naturalização de estrangeiros, recusando-se a aprovar outras que estimulassem as imigrações para cá e tornando complexas as condições para novas aquisições de terra;

Levou a administração da justiça à obstrução total em algumas destas colônias, recusando-se a aceitar leis que estabeleciam poderes judiciários;

Subjugou os juízes inteiramente à sua vontade, tanto em relação ao exercício de suas funções como em relação ao estabelecimento do valor e do pagamento de seus salários;

Criou uma infinidade de cargos novos para os quais nomeou um número excessivo de funcionários, a fim de atormentar o nosso povo e devorar-lhe a sustância;

Manteve entre nós, em tempo de paz, exércitos permanentes e navios de guerra;

Tornou a força militar independente do poder civil e a ele superior;

Juntou-se a outros para nos sujeitar a uma jurisdição em desacordo com nossas constituições e não reconhecida por nossas leis, consentindo em pretensas leis que tinham por objetivo acantonar entre nós numerosas tropas armadas;

Por protegê-las, as tropas, por meio de julgamentos simulados, de punição por assassinatos que viessem a cometer nestes estados;

Por impedir nosso comércio com todas as partes do mundo;

Por cobrar impostos sem nosso consentimento;

Por privar-nos dos benefícios do julgamento de um júri;

Por transportar-nos para além-mar para sermos julgados por pretensas ofensas;

Por privar-nos de nossas constituições e alterar fundamentalmente nossas formas de Governo;

Por abolir nossa legislatura, declarando-se investido do poder de legislar por nós em toda e qualquer circunstância;

Abdicou do governo aqui, retirando seus governadores e declarando-nos privados de sua lealdade e proteção;

Saqueou nossos mares, devastou nossas costas, incendiou nossas cidades e destruiu a vida de nosso povo;

Está, neste momento, transportando grandes exércitos de mercenários estrangeiros para completar a obra de morte, desolação e tirania já iniciada em circunstâncias de crueldade e perfídia indignas do chefe de uma nação civilizada;

Procurou instigar os índios selvagens e impiedosos, cuja regra de guerra é a destruição sem distinção de idade, sexo e condição de existência, contra os habitantes de nossas fronteiras;

Provocou insurreições traiçoeiras de nossos compatriotas-cidadãos, atraindo-os com o confisco de nossas propriedades;

Decretou guerra cruel contra a própria natureza humana, violando os mais sagrados direitos de vida e liberdade de povos distantes que nunca o ofenderam, capturando-os e levando-os como escravos para outro hemisfério, ou provocando-lhes a morte em condições miseráveis ao transportá-los para cá. Essa guerra pirata, infâmia de poderes infiéis, é a guerra do rei cristão da Grã-Bretanha. Conspurcou seu poder com a negação de todas as tentativas do legislativo de proibir ou reprimir esse comércio execrável, determinando-se a manter aberto um mercado onde HOMENS eram comprados e vendidos; e para que a essa coletânea de horrores não faltasse um fato de cunho distintivo, ele agora incita esses mesmos homens a empunhar armas e comprar a liberdade da qual ele próprio os privou, matando pessoas sobre quem ele também se lançou; assim, paga os crimes anteriormente cometidos contra as liberdades de um povo com crimes que ele instiga esse mesmo povo a cometer.

Em cada uma dessas situações de opressão, fizemos apelos formais de reparação nos termos mais humildes; nossas repetidas petições foram respondidas com sucessivos danos. Um príncipe cujo caráter é assim marcado pelas ações que definem um tirano não está em condições de governar um povo que se determinou a ser livre. Tempos futuros dificilmente acreditarão que a temeridade de um homem tenha ido tão longe, no curto espaço de doze anos apenas, com tantos atos de tirania indisfarçável sobre um povo que cultivou os princípios de liberdade e sobre eles se firmou.

E não deixamos de chamar a atenção de nossos irmãos britânicos. De tempos em tempos, advertimo-nos sobre as tentativas de seu legislativo de estender jurisdição sobre nossos estados. Lembramos-lhes as circunstâncias de nossa emigração e de nosso estabelecimento aqui, nenhuma das quais admitiria pretensão tão estranha; que estes se deram às expensas de nosso sangue e de nosso tesouro, sem a assistência da riqueza ou da força da Grã-Bretanha; que, ao construir nossas formas de governo, adotamos um rei em comum, dando assim início a uma aliança e uma amizade perpétuas com eles; mas que a submissão a seu parlamento não fazia parte de nossa constituição, nem sequer havia essa intenção, a se acreditar na história; e apelamos para sua justiça e magnanimidade inatas, bem como para nossos laços de sangue, no sentido de repudiar essas usurpações que provavelmente romperiam nossas relações e nossos vínculos. Permaneceram também surdos à voz da justiça e da consangüinidade, e quando, no curso regular de suas leis, foram-lhes oferecidas oportunidades de retirar dos conselhos os desestabilizadores de nossa harmonia, eles, por meio de eleições livres, restituíram-lhes o poder. Neste exato momento estão dando permissão a seu magistrado de enviar para cá não apenas soldados de nosso mesmo sangue, como também escoceses e mercenários estrangeiros para invadir nossas colônias e inundá-las de sangue. Esses fatos foram a última punhalada nessa relação conflitante, e o espírito de luta nos insta a renunciar para sempre a esses irmãos insensíveis. Devemos tentar esquecer nossos antigos laços de amizade com eles e considerá-los, como toda a humanidade, inimigos na guerra e amigos na paz. Poderíamos ter sido, juntos, um povo livre e grandioso; mas um intercâmbio de grandeza e liberdade parece estar aquém de sua dignidade. Que seja assim, se é assim que querem; o caminho para a felicidade e para a glória é igualmente aberto a todos nós; chegaremos a alcançá-las sem eles e aquiesceremos à necessidade que denuncia nossa eterna separação!

Nós, por conseguinte, representantes dos Estados Unidos da América, reunidos em Congresso Geral, em nome e por autoridade do bom povo destes estados, rejeitamos e recusamos lealdade e sujeição aos reis da Grã-Bretanha e a todos aqueles que no futuro, por si próprios, por seu intermédio ou por sua autoridade, venham reivindicá-las; dissolvemos e anulamos todo e qualquer vínculo político que até hoje tenha existido entre nós e o povo ou o parlamento da Grã-Bretanha; e finalmente afirmamos e declaramos que estas colônias são estados independentes e que, a partir de agora, terão todo o poder para declarar guerra, concluir a paz, fazer alianças, estabelecer comércio e tomar todas as outras medidas a que têm direito estados independentes. E em apoio a esta declaração empenhamos mutuamente nossa vida, nossa fortuna e nossa honra sagrada.

MANIFESTO

A DECLARAÇÃO DE INDEPENDÊNCIA

QUEM É QUEM NA DECLARAÇÃO

Nome e estado representado	Data de nascimento	Lugar de nascimento	Idade em 1776	Profissão	Data de falecimento
Adams, John, MA	30/10/1735	Quincy, MA	40	Advogado	4/7/1826
Adams, Samuel, MA	27/9/1722	Boston, MA	53	Comerciante	2/10/1803
Bartlett, Josiah, NH	21/11/1729	Amesbury, MA	46	Médico	19/5/1795
Braxton, Carter, VA	10/9/1736	Newington, VA	39	Fazendeiro	10/10/1797
Carroll, Charles, MD	19/9/1737	Annapolis, MD	38	Comerciante/fazendeiro	14/11/1832
Chase, Samuel, MD	17/4/1741	Somerset Co., MD	35	Advogado	19/6/1811
Clark, Abraham, NJ	15/2/1726	Elizabethtown, NJ	50	Advogado/fiscal	15/9/1794
Clymer, George, PA	16/3/1739	Filadélfia, PA	37	Comerciante	24/1/1813
Ellery, William, RI	22/12/1727	Newport, RI	48	Advogado/comerciante	15/2/1820
Floyd, William, NJ	17/12/1734	Brookhaven, NY	41	Especulador imobiliário	4/8/1821
Franklin, Benjamin, PA	17/1/1706	Boston, MA	70	Cientista/tipógrafo	17/4/1790
Gerry, Elbridge, MA	17/7/1744	Marblehead, MA	32	Comerciante	23/11/1814
Gwinnett, Button, GA	c. 1735	Gloucester, Inglaterra	41	Comerciante/fazendeiro	15/5/1777
Hall, Lyman, GA	12/4/1724	Wallingford, CT	52	Médico/pastor	19/10/1790
Hancock, John, MA	12/1/1737	Quincy, MA	40	Comerciante	8/10/1793
Harrison, Benjamin, VA	7/4/1726	Charles City Co., VA	50	Fazendeiro	24/4/1791
Hart, John, NJ	c.1711	Hunterdon Co., NJ	65	Proprietário de terra	11/6/1779
Hewes, Joseph, NC	23/1/1730	Kingston, NJ	46	Comerciante	10/10/1779
Heyward Jr., Thomas, SC	28/7/1746	St, Helena Parish, SC	30	Advogado/fazendeiro	6/3/1809
Hooper, William, NC	17/6/1742	Boston, MA	34	Advogado	14/10/1790
Hopkins, Stephen, RI	7/3/1707	Providence, RI	69	Comerciante	13/4/1785
Hopkinson, Francis, NJ	2/10/1737	Filadélfia, PA	38	Advogado/músico	9/5/1791
Huntington, Samuel, CT	3/7/1731	Windham, CT	45	Advogado	5/1/1796

Nome e estado representado	Data de nascimento	Lugar de nascimento	Idade em 1776	Profissão	Data de falecimento
Jefferson, Thomas, VA	13/4/1743	Albemarle Co., VA	33	Advogado/fazendeiro/cientista	4/7/1826
Lee, Francis Lightfoot, VA	14/10/1734	Mt. Pleasant, VA	41	Fazendeiro	11/1/1797
Lee, Richard Henry, VA	20/1/1732	Stratford, VA	44	Fazendeiro/comerciante	19/6/1794
Lewis, Francis, NY	21/3/1713	Llandaff, Gales	63	Comerciante	30/12/1802
Livingston, Philip, NY	15/1/1716	Albany, NY	60	Comerciante	12/6/1778
Lynch Jr., Thomas, SC	5/8/1749	Prince George's Parish, SI	26	Advogado	c. 1779
McKean, Thomas, DE	19/3/1735	Chester Co., PA	42	Advogado	24/6/1817
Middleton, Arthur, SC	26/6/1742	Charleston, SC	34	Fazendeiro	1/1/1787
Morris, Lewis, NY	8/4/1726	Westchester Co., NY	50	Fazendeiro	22/1/1798
Morris, Robert, PA	31/1/1734	Liverpool, Inglaterra	42	Comerc./especulador imobiliário	8/5/1806
Morton, John, PA	c. 1724	Ridley Township, PA	52	Fazendeiro	c. 1777
Nelson Jr., Thomas, VA	26/12/1738	Yorktown, VA	37	Comerciante/fazendeiro	4/1/1789
Paca, William, MD	31/10/1740	Abington, MD	35	Advogado/fazendeiro	13/10/1799
Paine, Robert Treat, MA	11/3/1731	Boston, MA	45	Advogado/cientista	12/5/1814
Penn, John, NC	6/5/1740	Carolina Co., VA	36	Advogado	14/9/1788
Read, George, DE	18/9/1733	Nordeste de MD	42	Advogado	21/9/1798
Rodney, Caesar, DE	7/10/1728	Dover, DE	47	Fazendeiro/militar	29/6/1784
Ross, George, PA	10/5/1730	New Castle, DE	46	Advogado	14/7/1779
Rush, Benjamin, PA	4/1/1746	Filadélfia, PA	30	Médico	19/4/1813
Rutledge, Edward, SC	23/11/1749	Christ Church Parish, SC	26	Advogado/fazendeiro	23/1/1800
Sherman, Roger, CT	19/4/1721	Newton, MA	55	Advogado	23/7/1793
Smith, James, PA	c. 1719	Irlanda do Norte	57	Advogado	11/7/1806
Stockton, Richard, NJ	1/10/1730	Princeton, NJ	45	Advogado	28/2/1781
Stone, Thomas, MD	c. 1743	Charles Co., MD	33	Advogado	5/10/1787
Taylor, George, PA	c. 1716	Irlanda	60	Comerciante	23/2/1781
Thornton, Matthew, NH	c. 1714	Irlanda	62	Médico	24/6/1803
Walton, George, GA	c. 1741	Cumberland Co., VA	35	Advogado	2/2/1804
Whipple, William, NH	14/1/1730	Kittery, ME	46	Comerciante	28/11/1785
Williams, William, CT	18/4/1731	Lebanon, CT	45	Comerciante	2/8/1811
Wilson, James, PA	14/9/1742	Carskerdo, Escócia	33	Advogado	21/8/1798
Wotherspoon, John, NJ	5/2/1723	Gifford, Escócia	53	Pastor	15/11/1794

Fonte: Arquivo Nacional dos EUA

MANIFESTO

A DECLARAÇÃO DE INDEPENDÊNCIA

LEITURAS E WEBSITES RECOMENDADOS

Livros

FEHRENBACK, T.R. *Greatness to Spare: The heroic sacrifices of the men who signed the Declaration of Independence.* Princeton: D. Van Nostrand & Co., 1968.

FERLING, John. *Setting the World Ablaze: Washington, Adams, Jefferson, and the American Revolution.* Oxford e Nova York: Oxford University Press, 2000.

MAIER, Pauline. *American Scripture.* Nova York: Alfred A. Knopf, 1998.

MEISTER, Charles W. *The Founding Fathers.* Carolina do Norte: McFarland & Co., 1987.

MORGAN, Edmund S. *Benjamin Franklin.* New Haven: Yale University Press, 2002.

MORISON, Samuel Eliot; Henry Steele Commager e William E. Leuchtenburg. *The Growth of the American Republic.* Nova York: Oxford University Press, 1980.

WILLS, Garry. *Inventing America: Jefferson's Declaration of Independence.* Nova York: Doubleday & Co., 1978.

WOOD, Gordon S. *The American Revolution: A History.* Nova York: Modero Library, 2002.

Websites

A história do Colonial Hall
www.colonialhall.com

Banco de dados das comemorações do 4 de Julho
www.american.edu/heintze.fourth.htm

The History Channel
www.historychannel.com

Associação do Independence Hall
www.ushistory.org

Interpretação da Declaração de Independência por tradução
cnhm.gmu.edu/declaration/

Links para o passado em The National Park Service
www.cr.nps.gov

Thomas Jefferson: um filme de Ken Burns
www.pbs.org

Arquivo Nacional dos EUA
www.archives.gov

Um guia para o usuário da Declaração de Independência
www.founding.com

CRÉDITOS DAS ILUSTRAÇÕES

O autor e o editor agradecem a permissão de reproduzir as seguintes ilustrações:

Bridgeman Art Library, Londres: p.38 (esquerda), Birmingham Museum and Art Gallery; 38 (direita), Townley Hall Art Gallery and Museum, Burnley; 52, Roger-Viollet; 80, Visual Arts Library, Londres.

Cameron Collection: p.16, 19 (esquerda), 66, 67.

Corbis. p.7, Ted Spiegel; 17, Dave G. Houser; 19 (direita), Freelance Photographers' Guild; 24, 28, Scott T. Smith; 29, Marc Muench; 49, Dave Bartruff; 51, Kevin Fleming; 63, Minnesota Historical Society; 78, Burstein Collection; 79, Archivo Iconografico; 83, Asian Art and Architecture; 88 (esquerda), Craig Lovell; 96, Corcoran Gallery; 100, 102, Richard Cummins; 103, Flip Schulke; 105, David H. Wells.

Corbis/Bettmann Archive: p.8, 23, 40, 58, 61, 64, 84, 88 (direita), 89.

Library of Congress Prints and Photographs Division: 12, 15, 18, 19 (direita), 21, 22, 25, 27, 39, 41, 42, 43, 48, 50, 55, 73 (direita), 73 (esquerda), 77, 81, 85, 91, 93, 94, 95, 97, 98 (esquerda), 98 (direita), 101, 107.

MANIFESTO A DECLARAÇÃO DE INDEPENDÊNCIA

ÍNDICE REMISSIVO

Este livro foi composto em Minion e Swiss
e impresso pela Bartira em julho de 2006.